H. GALLI

L'Internationalisme
c'est la Guerre

*« Je me détesterais, je m'in-
terdirais à jamais l'honneur
de parler devant mon pays si
je pouvais mettre quelque chose
en balance avec son avenir et
sa grandeur. »*

(Discours de Gambetta
du 18 juillet 1882.)

PARIS

GARNIER FRÈRES, LIBRAIRES-ÉDITEURS

6, RUE DES SAINTS-PÈRES, 6

1906

H. GALLI

L'Internationalisme c'est la Guerre

> « *Je me détesterais, je m'interdirais à jamais l'honneur de parler devant mon pays si je pouvais mettre quelque chose en balance avec son avenir et sa grandeur.* »
>
> (Discours de Gambetta du 18 juillet 1882.)

PARIS

GARNIER FRÈRES, LIBRAIRES-ÉDITEURS

6, RUE DES SAINTS-PÈRES, 6

1906

AVANT-PROPOS

———

C'est une heureuse réaction qui se produit en France contre l'anti patriotisme, depuis que la brutale intervention de Guillaume II à Tanger a mis en éveil les moins clairvoyants. Peu à peu se dissipent les illusions. Il en est cependant de particulièrement tenaces, naïvement exprimées dans certaines réunions populaires, où l'on rencontre fréquemment des internationalistes de bonne foi, qui s'imaginent que la France pourrait, disent-ils, « déclarer la paix » au monde entier.

Ils ignorent que leur formule est, entre toutes, belliqueuse, puisque leur prétention de mettre fin à tous les conflits les entraînerait fatalement à y prendre part. Internationalisme est synonyme d'intervention, et l'intervention conduit à la guerre.

Nous n'avons pas voulu démontrer autre

chose, à l'aide de faits et de documents irrécu-
sables, ces derniers empruntés de préférence
aux écrits d'hommes qui ne sont pas suspects
de chauvinisme.

Nous ajouterons que notre but n'est pas de
combattre des Français, mais de les rallier tous.
Jamais, pour les amis de Paul Déroulède, pour
la Ligue des Patriotes, dont j'ai l'honneur d'être
l'un des vice-présidents, l'amour et l'intérêt
de la France ne seront affaires de parti.

H. G.

L'Internationalisme c'est la Guerre

La politique extérieure de la France depuis 1870. — Équilibre de forces. — Alliance russe gage de paix.

Au lendemain de la guerre de 1870, la France avait à choisir entre deux politiques :

Ou se résigner et se réconcilier avec l'ennemi qui venait de l'abattre, ou préparer la revanche de ses défaites.

Dans le premier cas, elle pouvait espérer des compensations au démembrement subi; dans le second, elle devait uniquement travailler à récupérer le bien perdu.

La politique d'entente avec l'Allemagne, aujourd'hui préconisée par quelques-uns, eût soulevé en 1871 les colères et les indignations de tous. Elle se heurtait à la fois aux répulsions du vaincu et aux défiances du vainqueur.

Celui-ci, du reste, ne se faisait pas d'illusions sur

les dispositions françaises. La paix de Francfort n'était pas celle de la main tendue après la bataille, comme après un duel loyal; mais celle du poing fermé, celle de l'écrasement.

La politique de M. de Bismarck ne poursuivait qu'un but : empêcher la France de se relever. Les discours du chancelier, après 1871, ses lettres, les notes de lui, publiées depuis sa mort, ne laissent subsister à cet égard aucune équivoque.

Les débats du procès d'Arnim l'attestent avec évidence. M. de Bismarck se réjouissait de voir s'implanter chez nous un gouvernement parlementaire, instable, corruptible et qui, fatalement, conduirait à l'anarchie. Il considéra comme une trahison l'intervention de son ambassadeur à Paris, M. d'Arnim, qui s'employait au contraire à entraver l'installation de ce régime. Conservateur et royaliste, M. d'Arnim rêvait de contribuer à rétablir en France le trône des Bourbons.

« Je considérai, dit Bismarck dans ses mémoires, comme en opposition avec l'intérêt de l'Allemagne la restauration de la royauté en France. »

Il lui semblait, en effet, alors — et c'était une erreur — que, seul, un gouvernement monarchique eût chance de rencontrer assez de sympathies près des cours européennes pour contracter une alliance.

Or, le chancelier allemand voulait une France isolée, faible et divisée. Et cependant, inquiet, préoccupé du merveilleux effort de notre nation, si prompte à reconstituer son armée et ses finances, il projeta de nous attaquer et de nous détruire, de ne pas nous laisser le temps de nous réorganiser.

L'intervention de la Russie et de l'Angleterre, en 1875, empêchèrent l'agression.

Le gouvernement, dont le ministre des Affaires étrangères était M. Decazes, suivait une politique de prudence extrême, évitait soigneusement de fournir le moindre prétexte à conflit ou à récrimination ; il maintenait toutefois avec dignité le droit qui appartenait à la France, de reconstituer ses forces, et gardait une attitude sinon fière, du moins conforme au sentiment du pays qui restait hostile à toute renonciation formelle, à toute abdication. C'était une politique d'attente, en vue des réparations futures.

Mais ce gouvernement était sans lendemain ; il dut céder la place définitivement aux républicains, après l'échec de la tentative de réaction dite du 16 Mai et la démission du maréchal de Mac-Mahon.

Quelle serait la politique du parti nouveau ?

Essayerait-il d'inspirer au dehors assez de confiance en sa stabilité pour chercher contre l'Allemagne une alliance ? Reviendrait-il au contraire à la tradition révolutionnaire, à celle qui, de 1792 à 1815, avait bouleversé tous les trônes de l'Europe ? Tendrait-il à faire des doctrines démocratiques article d'exportation ? Vis-à-vis d'une Allemagne champion du droit divin, protectrice des rois, verrait-on se dresser une France initiatrice et émancipatrice ?

Deux doctrines, internationales également, allaient-elles se retrouver en présence : l'une de la conservation sociale, l'autre de la Révolution ? De même qu'en 1792, un tel conflit devait aboutir à la guerre.

Mais le gouvernement français, très bourgeois, très modéré d'alors, n'avait rien de l'audace des « grands ancêtres » ; il se confinait prudemment dans une politique extérieure d'inaction, de défensive. La terrible et encore toute récente leçon de 1870, lui rappelait qu'il y a péril à se mêler des affaires du voisin. « Générosité, humanité, intervention, grands mots, disait-on, qui nous ont coûté bien cher ! Soyons Français, exclusivement Français; professons l'égoïsme national et qu'il nous suffise d'être ou à peu près les maîtres chez nous. »

Un seul homme semblait assez puissant pour entreprendre quelque action au dehors : Gambetta, l'organisateur audacieux de la défense nationale, de la résistance à outrance en 1870 ; mais, — et en cela M. de Bismarck s'était montré bon prophète — le régime ne convenait pas à cette action d'un citoyen, fût-il homme d'État, puisqu'il ne devait compter ni sur l'autorité, ni sur la durée.

Cependant, en même temps qu'il préparait contre nous la Triple Alliance, M. de Bismarck réussissait très habilement à faire sortir la France de cette réserve un peu farouche et sagement égoïste qu'il jugeait doublement inquiétante pour l'Allemagne seule.

Il sut, avec un art infini, nous engager dans ce qu'il appelait lui-même les diversions coloniales en Tunisie, au Tonkin et à Madagascar. Il nous brouilla du coup avec l'Angleterre et avec l'Italie et nous mit, sinon en conflit avec elles, du moins en telle situation que le conflit menaçait toujours de surgir.

Les événements d'Égypte, suivis de l'occupation

du pays par les Anglais, servirent, du reste, de façon inespérée pour lui, cette politique.

Le gouvernement français recula devant les décisions qui auraient amené la guerre avec l'Angleterre ; il hésita, ne consentit pas à un condominium singulièrement périlleux et se trouva en présence du fait accompli : le protectorat anglais au Caire, le canal de Suez entre les mains britanniques, la route d'Extrême-Orient ouverte par la France livrée au gouvernement de Londres.

Logiquement, toute tentative ou entreprise d'expansion française en Asie ne pouvait désormais se justifier qu'à la condition de suivre une politique tendant à rendre son indépendance à l'Égypte, à rendre libre le canal de Suez.

M. de Bismarck nous encouragea à poursuivre cette politique de revendications anti-anglaises qu'il semblait devoir lui-même favoriser, comme si l'Allemagne fût disposée à nous appuyer. Certaines confidences de M. Flourens, ex-ministre des Affaires étrangères, sont à cet égard des plus édifiantes. Elles nous apprennent (1) à quel point M. Jules Ferry, le grand initiateur de la politique coloniale, se fit illusion, combien il fut leurré par la la chancellerie allemande, qui, après avoir accompli son œuvre et avivé les querelles entre la France et l'Angleterre, nous abandonna brusquement, à l'heure où le représentant de la France à Berlin se montra trop pressant et lorsque notre gouvernement insista pour obtenir autre chose que des promesses.

Quand lord Salisbury prit le pouvoir, M. de

(1) *Dessous diplomatiques*, publiés par le *Figaro* en 1894.

Bismark, jugeant opportun de dissiper les illusions du ministre français, déclara à notre ambassadeur :

— Lord Salisbury ne compte que des sympathies en Allemagne. Notre intérêt n'est pas de contrecarrer ses plans. L'occupation de l'Égypte par les Anglais ne nous gêne en aucune façon; elle assure le rétablissement de l'ordre dans ce pays, Le plus sage est donc de renoncer à la chimère de l'évacuation. Faites-en part à votre Gouvernement. En tout cas, ne comptez plus sur le concours de l'Allemagne pour vous aider à poursuivre un but qui n'est pas le nôtre, etc., etc.

Cruelle désillusion! Mais peut-on s'expliquer la naïveté, l'inconcevable aveuglement d'hommes d'État français qui crurent pendant quelque temps à la sincérité des promesses de M. de Bismarck et ne comprirent pas que celui-ci jouait un double jeu ?

Aider la France à reprendre position en Égypte, c'était relever son prestige, c'était lui rendre confiance en sa force et en ses destinées et, tôt ou tard, ranimer chez elle les sentiments de revanche contre l'œuvre du traité de Francfort.

Il apparut que l'alliance allemande ne serait jamais qu'un rêve, tant que les couleurs rouge, noir et blanc de l'Empire flotteraient à Metz et à Strasbourg.

M. de Bismarck se montrait même si ombrageux, que, lorsque nos expéditions au Tonkin, l'assaut glorieux de Son-Tay, le retour triomphal à Paris des troupes victorieuses après de pénibles campagnes, provoquèrent chez nous un légitime orgueil et un réveil de l'esprit militaire et patriotique, origine du mouvement boulangiste, le gouvernement de Berlin non seulement recourut à tous les moyens pour éteindre cette flamme, mais se livra aux menaces les plus tapageuses afin d'effrayer chez nous le monde parlementaire et le parti de « la paix à tout prix ».

Au lendemain des chaudes alertes de 1887 et de 1888, qui troublèrent à la fois la France et l'Europe, la paix apparaissait donc singulièrement précaire. La triple alliance pesait lourdement sur tous et assurait à l'Allemagne une prépondérance insupportable.

Le « moment psychologique » était venu de lui opposer un contre-poids, de rétablir l'équilibre.

L'Angleterre et la Russie demeuraient toutes deux indépendantes de la triplice.

La première commençait à peine à pressentir le péril de la concurrence allemande ; mais M. de Bismarck, hostile à l'expansion coloniale, peu favorable aux armements navals, rassurait les hommes d'État britanniques. D'autre part, les conflits habilement provoqués entre les intérêts anglais et ceux de la France, tenaient les deux peuples dans un état de défiance qui rendait alors impossible un rapprochement, une entente sincères.

La Russie, au contraire, si mal récompensée, au congrès de Berlin, en 1878, du concours bienveillant qu'elle avait prêté à l'Allemagne en 1870, mécontente des intrigues de Bismark en Orient, à Constantinople et dans les Balkans, gouvernée par un prince plutôt hostile au pangermanisme, le tsar Alexandre III, profondément slave de conviction et de sentiment, se trouvait disposée à un accord avec la France, en vue de constituer vis-à-vis de la triplice une force capable de la tenir en respect.

Nous n'avons pas besoin de raconter ici à la suite de quels incidents et de quelles négociations, cet accord, tacite tout d'abord, eut pour conséquence un traité d'alliance inaugurant, d'après les déclarations même d'un de ses auteurs, M. le général de Boisdeffre, une politique de défense contre les entreprises allemandes.

S'agissait-il de préparer une guerre de revanche?

La France obtenait-elle de son alliée des engagements formels de revision du traité de Francfort, en prévision de certaines éventualités?

Rien ne nous autorise à le supposer. Il est, au contraire, beaucoup plus vraisemblable que la double alliance tendait exclusivement au maintien de la paix, favorable à la réalisation des grands projets de la Russie en Asie et conforme aux vœux des parlementaires français qui détenaient alors le pouvoir et aux intérêts des hommes de finance et d'affaires qui les dirigeaient. La duplice faisant contrepoids à la triplice, c'étaient la paix et la stabilité assurées.

L'alliance franco-russe ne pouvait gêner que ceux qui la redoutaient comme un obstacle à l'exécution de leurs plans ambitieux : l'Allemagne d'abord, bien convaincue que les deux puissances amies s'opposeraient au démembrement de l'Autriche et à la constitution d'un vaste empire de l'Europe centrale germanisée; l'Angleterre ensuite, qui préparait l'annexion des républiques boers de l'Afrique du Sud et qui pouvait craindre la formation d'une coalition européenne hostile.

Ces deux puissances s'employèrent donc sinon à détruire, du moins à dénaturer l'alliance franco-russe; l'Allemagne, après la mort d'Alexandre III, réagit près de son successeur contre l'influence des panslavistes; elle regagna à la cour de Nicolas II une partie du terrain perdu sous le règne précédent, offrit ses bons offices et servit avec empressement les intérêts russes en Asie en 1895, au lendemain de la guerre entre la Chine et le Japon et en 1900 lorsque l'armée du tsar prit possession de la Mandchourie.

L'Angleterre, de son côté ne restait pas inactive. Sa diplomatie — la première du monde — ne se montre jamais scrupuleuse dans le choix des moyens; tous lui sont bons, qui aident au succès de la cause et des intérêts britanniques. Elle agit chez nous par la presse, elle compte des agents dans tous les milieux; son action s'exerce dans notre Parlement même. La crise provoquée par l'affaire Dreyfus lui permit de développer ses intrigues et d'aviver les haines, les divisions en France.

Le voyage des souverains russes à Paris en 1896, la revue si impressionnante de Châlons où la France, après avoir engagé sa parole, mettait sous les yeux du monarque allié la force capable de l'appuyer; la réception de M. Félix Faure à Saint-Pétersbourg venaient à peine de créer chez nous un puissant courant d'opinion qui entraînait la très grande majorité des Français, que cette affaire Dreyfus, dont l'origine est cependant bien misérable, bouleversa notre nation et la jeta en pleine anarchie politique et morale.

Au milieu de cette crise lamentable, l'Angleterre régla sans difficulté une question des plus graves, celle de Fachoda, c'est-à-dire la question égyptienne elle-même, et mena à bonne fin la conquête du Transvaal.

Quant à l'Allemagne, elle assistait, joyeuse, à la destruction par des Français des bases de notre organisation militaire.

Une alliance ne peut être réelle et efficace qu'à la condition de garantir aux deux puissances qui l'ont contractée que la force de l'une sera mise, dans certaines éventualités, au service de l'autre.

Briser la dite force, c'est rendre l'alliance caduque; de même, si l'engagement de l'une des parties n'a pas un caractère d'obligation stricte.

Or, il existe aujourd'hui dans la majorité sur laquelle s'appuie le Gouvernement et sans laquelle il s'effondrerait, dont le concours, par conséquent, est indispensable au cabinet, une fraction des représentants élus en 1902, nettement hostile à la Russie et au traité d'alliance russe et qui se proclame assez forte pour empêcher l'exécution de ses clauses.

Ce parti entend substituer à la politique d'alliance et d'équilibre, que nous ne voulons pas juger actuellement, mais qui est incontestablement une politique de paix, la politique internationaliste qui sera — nous allons le démontrer — une politique de guerre.

II

La politique d'intervention ou l'action internationaliste opposée à la politique d'équilibre de 1830 à 1870.

Et d'abord que devons-nous entendre par internationalisme, ou plus exactement, puisqu'il ne s'agit pas d'une pure conception philosophique, par action internationaliste?

Action qui tend à s'exercer au delà des frontières. Nous ne prétendons pas qu'elle n'en tient aucun compte; mais elle s'efforce de les franchir, de pénétrer au delà.

L'internationalisme peut être financier, religieux, conservateur ou révolutionnaire.

Financier, lorsqu'il s'exerce par des hommes de finance cosmopolites. A titre d'exemple, nous rappellerons leur influence dans la guerre du Mexique et dans celle du Transvaal.

Religieux, lorsqu'il se livre à la propagande et entreprend de s'étendre sur tous les peuples et de réunir toutes les races dans une même croyance.

Tel le rôle des missionnaires catholiques ou protestants.

Conservateur, lorsqu'il forme des coalitions d'intérêts en vue de maintenir des principes sociaux et de mettre un frein à l'esprit de révolte ou de réforme.

Révolutionnaire, lorsqu'au contraire il favorise au dehors le développement de cet esprit et les entreprises qui ont pour objet de démocratiser les gouvernements et de transformer la société.

Sans vouloir faire le procès de ces internationalismes très divers, on doit reconnaître, quelque opinion que l'on professe à leur égard, qu'ils eurent toujours, dans le passé, la guerre pour conséquence.

Rappelons les faits contemporains.

Ce sont des financiers qui ont voulu, préparé et fait éclater la guerre contre les Boers.

Les missions catholiques et protestantes ont soulevé des complications et entraîné les expéditions militaires en Orient, en Chine, au Japon, en Syrie.

Ce fut dans un but de conservation sociale que se constitua, après 1815, la Sainte-Alliance, sous l'inspiration de laquelle furent entreprises les campagnes de 1820 dans le royaume de Naples, de 1823 en Espagne contre les entreprises libérales. Les expéditions militaires de 1849 en Allemagne, en Hongrie, à Rome, peuvent être également considérées comme autant d'interventions en vue de réprimer la Révolution.

Enfin, nos grandes guerres de 1792 à 1815 en répandaient au contraire les doctrines en Europe, guerres de propagande plus encore que de défense qui révolutionnèrent une partie de l'Allemagne, les Pays-Bas et l'Italie. La campagne de 1859, qui assura l'indépendance de celle-ci, peut leur être assimilée, de même l'expédition de 1860 en Sicile et à Naples, à laquelle prirent part, réunis sous les drapeaux de Garibaldi, des volontaires de toutes les nations.

L'internationalisme, conservateur, religieux ou révolutionnaire, impliquant l'idée d'intervention, a donc été fatalement une cause de conflit et de guerre, au cours du siècle dernier. Il est, en effet, le contraire même de l'équilibre sagement et péniblement établi par la diplomatie et qui a pour objet de faire à chacun sa part d'influence, de limiter le mal qu'elle ne peut empêcher, d'arrêter les empiétements et d'assurer le calme des États.

Les diplomates ne sont pas des chercheurs d'absolu. Ils se contentent, à défaut d'unification des peuples, de leur assurer une paix relative, au moyen de combinaisons destinées à enlever à ceux qui la voudraient troubler les moyens de le faire avec chance de succès.

Un internationaliste, au contraire, prétend non pas rendre plus rare, mais supprimer la guerre, et, pour arriver à ce but, il la fera.

Il n'existe d'ailleurs idéalement qu'un système capable d'établir et de garantir la paix universelle : celui qui détruirait tous les intérêts particuliers et les sacrifierait à l'intérêt général non plus seulement d'une collectivité communale, provinciale ou nationale, mais de l'humanité !

Proudhon, avant Jules Guesde, a formulé la doctrine. Après avoir étudié dans le passé et au

xixᵉ siècle, les causes de la guerre et ses effets, en
des pages tantôt paradoxales, tantôt d'un lumineux
bon sens, il répond à ce qu'il appelle « toutes les
divagations de l'école humanitaire », et conclut
que la guerre ne disparaîtra qu'avec le paupé-
risme !

Il s'agirait donc, avant de mettre bas les armes,
de transformer préalablement toutes les sociétés,
les conditions mêmes de la vie économique de
chaque nation, et de faire triompher chez tous les
peuples du monde, contre tous les gouvernements,
le principe de la Révolution sociale.

Alors seulement, la concurrence entre les nations
et les individus étant supprimée, il n'existerait
plus aucune cause de guerre. Mais de quelle
guerre, ou plutôt de quelles guerres formidables
devra être précédé l'avènement de ce nouvel ordre
de choses, en admettant qu'il ne soit pas purement
utopique !

Aussi la guerre, en elle-même, n'inspire-t-elle
aucune horreur aux grands révolutionnaires qui
veulent cependant la rendre impossible, même au
prix des plus grands sacrifices :

« Le libéralisme, le constitutionnalisme, le phi-
losophisme, la communauté des principes et des
tendances, dit encore Proudhon, n'y font rien :
conquérir ou être conquis, c'est la loi. Question
de subsistance : cas de guerre. »

Du même :

« La guerre, dans laquelle une fausse philosophie ne nous montrait qu'un épouvantable
fléau, l'explosion de notre méchanceté innée et
la manifestation des colères célestes, la guerre

est l'expression la plus incorruptible de notre conscience, l'acte qui, en définitive et malgré l'influence impure qui s'y mêle, nous honore le plus... »

Pour Proudhon, il était absurde de concevoir le triomphe du droit, en professant le mépris de la force :

— J'estime la force, disait-il, elle a glorieusement inauguré le règne du droit.

Il ajoutait : « L'effusion du sang n'est rien, c'est la cause qui le fait répandre qu'il faut considérer. »

Nul plus que Proudhon n'a poursuivi de railleries impitoyables les « pacifistes de son temps », les disciples de l'abbé de Saint-Pierre qu'il traitait de « philanthropes et d'utopistes ».

Aux congrès de la paix, il rappelait le mot de Kant, lequel, après avoir posé les bases d'une pacification générale, écrivait :

« La paix perpétuelle est impraticable. »

Blanqui, Barbès ne pensaient pas autrement que Proudhon. Louis Blanc, Michelet ont admirablement exprimé le grand rôle que devait jouer la France de la Révolution dans l'humanité, rôle d'intervention et d'initiative, en réalité la force mise au service du Droit.

Les Français de 1789 se considéraient, ainsi que l'a magnifiquement écrit Lamartine, comme des « hommes universels ». On les méconnaît, on les rapetisse, quand on n'y voit que des prêtres, des aristocrates, des plébéiens, des sujets fidèles, des factieux et des démagogues. Ils étaient et ils se sentaient mieux que cela : « des ouvriers de Dieu, appelés par lui à restaurer la raison sociale de l'humanité et à rasseoir le droit et la justice dans l'univers. »

Ces « ouvriers de Dieu », Lamartine le constatait en 1848, en haranguant le peuple de Paris, promenèrent le drapeau tricolore, symbole de la Révolution, les armes à la main, dans toutes les capitales de l'Europe.

Proudhon, commentant les paroles de Lamartine, n'hésite pas à écrire :

« Qu'eût-elle donc été, cette Révolution, sans la sanction du sang et de la victoire ? »

M. Mézières, en termes plus modérés, résume très clairement ce que l'on peut considérer comme la doctrine même de la politique extérieure de la Révolution :

« La fraternité des peuples, dit-il, est une idée essentiellement française, conforme au généreux et expansif caractère de notre race...

« Telle est, à cet égard, notre puissance d'expansion, la contagion de nos idées, que nos soldats les emportaient dans les plis de leurs drapeaux...

« Si la France tendait la main aux étrangers, elle le faisait en conservant sur eux une sorte de primauté morale. Elle n'abdiquait pas, elle ne s'effaçait pas devant eux. Elle leur montrait le chemin, comme leur aînée sur la route ouverte. »

Tel est bien, en effet, le langage que tenaient les orateurs et les théoriciens de la Révolution, internationalistes patriotes, qui voulaient unir les peuples sous l'impulsion et la direction de la France toute prête à leur assurer et au besoin à leur imposer le bonheur futur, comme le concevaient les hommes d'État de 1793.

On substituait à la vieille formule, qui justifia tant de guerres : *Gesta Dei per Francos*, celle-ci qui en justifierait bien d'autres : *Gesta Revolutionis per Francos*.

En 1830, au lendemain des trois glorieuses, le parti républicain, impatient de renouer les traditions de 1792, demandait à grands cris que la France se mît à la tête des peuples pour déchirer les traités de 1815, porter le drapeau tricolore sur le Rhin, délivrer la Pologne et l'Italie. Conflagration générale qu'il appelait de tous ses vœux.

Les révolutionnaires applaudissaient aux appels enflammés d'Armand Carrel :

« La France, disait-il, a subi pendant quinze ans les sentences rendues contre elle en 1814 ; elle veut appeler de ces sentences ; elle veut signer les traités pour être obligée de les reconnaître ; elle n'a point signé ceux de 1814. »

Carrel, patriote et internationaliste qui avait pris les armes en 1823 pour la cause de l'Espagne libérale, se proclamait hardiment partisan de l'intervention dans les affaires des autres peuples :

« Non, écrit-il, la patrie n'est pas heureuse quand elle n'est pas suffisamment glorieuse ; elle n'est pas suffisamment glorieuse quand elle porte la trace des mutilations que lui ont fait subir des traités humiliants ; quand ses ambassadeurs ont la bouche fermée pour protester contre ces traités dont elle s'indigne.

« Est-ce pour nous assez d'honneur que de ne pas être envahis, quand l'étranger s'est réservé trois ou quatre ouvertures au cœur de nos frontières ; quand les hulans font encore l'exercice à six marches de Paris, et que le qui-vive de la Sainte-Alliance retentit contre nous derrière les Pyrénées, derrière les Alpes et des montagnes de la Suisse à l'embouchure du Rhin ? »

Lorsqu'on apprit à Paris, en 1831, l'écrasement de l'insurrection polonaise, une protestation furieuse s'éleva, protestation de colère et de honte que la *Nemesis* de Barthélemy exprima :

> Cachons-nous, cachons-nous, nous sommes des infâmes
> Que tardons-nous? Prenons la quenouille des femmes.
> Jetons bas nos fusils, nos guerriers oripeaux,
> Nos plumets citadins, nos ceintures de peaux.
> Le courage à nos cœurs ne vient que par saccades,
> Ne parlons plus de gloire et de nos barricades;
> Que le teint de la honte embrase notre front!

De quels anathèmes le gouvernement de Louis-Philippe ne fut-il pas accablé ! Mais celui-ci, grand partisan de la paix, ne se souciait pas de risquer un conflit pour l'imposer à tous et de renverser les trônes, alors qu'il s'efforçait exclusivement de consolider le sien.

« Louis-Philippe, dit très justement Louis Blanc dans son *Histoire de dix ans*, par caractère et par position, n'était que le premier bourgeois de son royaume. Or la bourgeoisie n'était nullement tentée par l'éclat des aventures héroïques. Composée en partie de banquiers, de marchands, d'industriels, de rentiers, de propriétaires paisibles et prompts à s'alarmer, elle appartenait presque tout entière à la peur de l'imprévu. La grandeur de la France pour elle, c'était la guerre; et, dans la guerre, elle ne voyait que l'interruption des relations commerciales, la chute de telle ou telle industrie, des débouchés perdus, des faillites, des banqueroutes. «

Deux politiques se trouvaient donc en antagonisme : l'une révolutionnaire, internationaliste, devant aboutir à la guerre ; l'autre désireuse de maintenir la paix à tout prix, égoïste et à ce titre étroitement nationale.

Nous ne jugeons pas, nous n'examinons pas laquelle de ces deux politiques était la meilleure pour la France, nous constatons.

En 1848, après la chute de Louis-Philippe, la proclamation de la République et l'institution du suffrage universel, l'internationalisme se déchaîne aussi violent qu'en 1830 :

> Les peuples sont pour nous des frères
> Et les tyrans des ennemis.

Donc, guerre aux tyrans ! C'est à Paris que se fomentent les mouvements révolutionnaires qui troublent la Belgique, l'Allemagne et l'Italie. Une armée française, prête à intervenir, se rassemble sur les Alpes.

Ce ne fut qu'au lendemain des journées de juin, de la défaite sanglante des partis révolutionnaires, que le gouvernement républicain non moins bourgeois, du reste, que celui de Louis-Philippe, réussit à rassurer l'Europe, attesta qu'il ne songeait pas à révolutionner la Belgique, ni les provinces du Rhin, et abandonna l'Italie à son malheureux sort.

Mais la politique internationale révolutionnaire rencontra en Louis-Napoléon, comme en son oncle Napoléon Ier, un serviteur intermittent et nullement platonique. Napoléon III, ancien carbonaro, ennemi passionné de la Sainte-Alliance et de son œuvre en 1814 et en 1850, s'attribuait à lui-même la mission de la renverser, de reconstituer les nationalités opprimées ; il rêvait une paix européenne, capable d'assurer, grâce à un équilibre nouveau, la prépondérance morale de la France ; il fut ainsi amené à faire la guerre, bien qu'il n'éprouvât pour elle que des sentiments d'horreur.

La guerre de Crimée lui valut — ne l'oublions pas — l'approbation de révolutionnaires tels que le brave Barbès qui, de la citadelle où le gouvernement impérial le tenait enfermé, jeta un cri de joie, en apprenant la chute de Sébastopol et la victoire de la France.

Toute la presse, restée fidèle à l'esprit et aux traditions de la Révolution, se montra favorable à la politique de Napoléon III en 1859, politique tendant à l'affranchissement de l'Italie et dont le dénouement fut la guerre.

De même qu'en 1830 et en 1848, les conservateurs, au contraire, les pacifiques, alarmés par la rupture de l'équilibre si laborieusement établi en 1815, s'effrayaient de cette politique d'internationalisme agissant ; ils s'efforcèrent de l'enrayer, mais trop tard. M. Thiers, dans ses discours d'un bon sens rare, d'une clairvoyance souvent merveilleuse au Corps législatif, se fit l'organe, le défenseur de ces intérêts jalousement et strictement nationaux.

Lorsque Napoléon III, vieilli, cédant à des influences parlementaires et craignant de s'aliéner les éléments conservateurs et modérateurs, auxquels il devait une partie de sa force, voulut réagir, il n'était déjà plus le maître des événements. Deux véritables hommes d'État, prêts à ce titre à se servir de toutes les armes utiles à la réalisation de leurs desseins et trop heureux que la France eût elle-même détruit l'équilibre de 1815, venaient de surgir et n'hésitaient pas, dans un but plus précis que celui de Napoléon III, dans un but national, à porter le dernier coup à l'œuvre des diplomates du congrès de Vienne.

Cavour créa l'unité italienne, Bismarck l'unité allemande.

Toute l'action de l'internationalisme révolutionnaire est alors dirigée contre Rome ou plus exactement contre la puissance temporelle du Pape.

Les premiers congrès de la paix — en réalité congrès socialistes révolutionnaires — siégeant à Genève, condamnent cette puissance, protestent contre l'intervention française qui la protège, flétrissent le gouvernement impérial qui envoie ses troupes combattre à Mentana les Garibaldiens, et ils proclament Rome capitale de l'Italie.

Très habilement celle-ci fait alors servir par l'internationalisme une cause essentiellement italienne, essentiellement nationale. Le gouvernement français, en butte aux plus violentes attaques du Congrès, se voit dénoncé comme l'un des champions exécrés de la réaction européenne et comme le suppôt de l'obscurantisme et du militarisme. A l'heure même où se prépare dans l'ombre, à Berlin, la crise qui doit éclater quelques années plus tard et se terminer par le démembrement de la France, c'est celle-ci que l'on accuse de vouloir la guerre. Combien suggestif le langage des journaux de cette époque, dont beaucoup — M. de Bismarck l'a formellement avoué — recevaient des subventions de la chancellerie allemande provenant du fameux fonds des reptiles !

Cette presse énumère les régiments dont dispose la France, elle exagère leur chiffre et leurs effectifs, elle présente comme des soudards nos soldats qui passent sept ans sous les drapeaux, les zouaves et les turcos comme des bêtes de proie et leur oppose, en termes idylliques, les jeunes recrues de la Prusse et les pacifiques bourgeois de la Landwehr.

Non seulement les membres de l'opposition — M. Thiers excepté — tenaient tous ce langage, mais bon nombre d'impérialistes, les plus habitués à approuver systématiquement le gouvernement, ne s'exprimaient pas autrement et se prononçaient contre toute augmentation de l'armée.

« Les peuples ne veulent pas la guerre, disait un sénateur très écouté, M. Michel Chevalier, tout dévoué à Napoléon III. La conduite des souverains eux-mêmes, leur empressement à nous visiter, exclut chez eux aussi toute hostilité profonde, tout autre désir que celui de vivre en paix avec nous. *Je ne crains pas de le dire*, nous ne sommes pas menacés. *Nous sommes plus inquiétants que nous n'avons lieu d'être inquiets.*

Arles-Dufour, ancien Saint-Simonien, rallié à l'Empire, affirmait, en 1867, à la suite d'une entrevue avec l'Empereur :

— Après l'Exposition universelle, il n'y aura plus de guerre, c'est la conviction de Napoléon III, c'est la mienne (1) !

(1) On s'explique d'autant moins un pareil aveuglement que Napoléon III et son gouvernement étaient avertis du

Au commencement de juillet 1870, un grand organe parisien publiait une correspondance de Berlin, affirmant encore qu'une des principales causes de guerre en Europe était l'organisation de l'armée française, menaçante pour tous les États !

M. de Bismarck s'intéressait alors tout particulièrement à ces Congrès, à ces campagnes de presse, et, lui, qui venait de pratiquer en Prusse la dictature la plus réactionnaire, il n'hésitait pas à faire concourir, maintenant, l'internationalisme au succès de ses plans.

Le résultat fut qu'en 1870, la France, rendue suspecte au reste du monde, apparut comme la nation perturbatrice, ne rêvant que conquêtes et coups de main, au service du catholicisme intolérant de Pie IX, et qu'elle supporta la responsabilité entière d'une agression dont le chancelier allemand — de son propre aveu publié plus tard, lorsqu'il voulut démontrer que l'Allemagne lui devait son unité — était le seul auteur (1).

Après les victoires allemandes de 1870, il ne reste rien du traité de Vienne, rien de l'édifice si

péril par un diplomate comme Rothan, un soldat comme Stoffel ; ceux de l'opposition par Nefftzer. si clairvoyant, par le général Tur, par Nino Bixio, par Castelar, etc., tous amis sincères de la France.

Peu de temps avant la guerre, un personnage bavarois, hostile à la Prusse disait à Edmond Adam : — L'Allemagne est servie à la fois par Napoléon III qui croit tout ce que lui affirme Bismarck, par sa diplomatie qui ne se défie pas de Berlin, par l'opposition qui ne voit qu'un péril : le péril politique. Vous courez comme des fous à l'invasion. (*Mes sentiments et mes idées avant 1870, par Mme Ed. Adam.*)

(1) On sait qu'en falsifiant cyniquement la fameuse dépêche d'Ems, Bismarck rendit la guerre inévitable.

laborieusement construit par les équilibristes de
la diplomatie.

Les révolutionnaires internationalistes d'Europe
ne soutinrent que mollement la cause de la France,
même quand la République se fut substituée à
l'Empire effondré. Cependant, leur action se mani-
festa en 1871 dans l'insurrection de la Commune,
lorsque celle-ci releva le drapeau de la République
universelle.

Les armées allemandes, encore cantonnées autour
de Paris, se tenaient prêtes à intervenir. Le triomphe de la Commune révolutionnaire, cela n'est pas
douteux, eût entraîné une guerre nouvelle.

La Révolution vaincue, l'équilibre européen
détruit, M. de Bismarck veut assurer l'avenir, garantir la durée de son œuvre et, dans ce but, à défaut
d'un nouvel écrasement de la France, empêcher la
formation d'une coalition contre l'Allemagne impériale, coalition révolutionnaire ou coalition conservatrice. En même temps qu'il favorise chez nous
l'établissement d'un gouvernement parlementaire,
il met les monarques en éveil contre la propagande
des doctrines républicaines et démocratiques ; l'entente des trois Empereurs d'Allemagne, d'Autriche
et de Russie forme une sorte de Sainte-Alliance
nouvelle. Internationalisme conservateur.

Mais l'équilibre ne se rétablit pas ; le soulève-
ment révolutionnaire des peuples balkaniques contre la domination turque allume l'incendie en 1876 ;
les diplomates ne réussissent pas à le circonscrire ;
la Russie entre en campagne. On sait comment, ar-
rêtée aux portes de Constantinople par l'intervention des puissances, par les menaces de l'Angleterre

et les intrigues de l'Allemagne, elle dut renoncer aux bénéfices de sa victoire, que lui arracha le traité de Berlin.

D'un côté, la Russie mécontente ; de l'autre, la France encore saignante de ses blessures. M. de Bismarck constitue habilement contre elles la triple alliance de l'Allemagne, de l'Autriche et de l'Italie.

L'objet de la triplice n'est pas le maintien de la paix, mais le triomphe de la prépondérance allemande.

Il en résulta, ainsi que nous le disons plus haut, que, pour lui faire contre-poids, un accord d'abord, puis une alliance militaire unirent la France à la Russie.

L'Angleterre resta en dehors des deux groupements, forte de son isolement, qui la rend difficilement attaquable, et toujours habile à tirer parti de l'antagonisme de ses rivaux.

Un équilibre européen tendait pourtant à se rétablir. Quelles puissances avaient alors intérêt à le troubler ?

Est-ce la France désireuse de déchirer le traité de Francfort ? Mais une génération nouvelle prenait la place de celle qui souffre encore des humiliations de la défaite ; cette génération ne partageait pas les sentiments de sa devancière ; le gouvernement qui la représentait redoutait à la fois les risques de la guerre, la victoire autant que la défaite, craignant de ne survivre ni à l'une, ni à l'autre. Il concevait donc l'alliance russe uniquement comme une garantie de paix. Il était profondément pacifique.

La Russie ne l'était pas moins, tous ses efforts,

toute son attention se portant vers l'Orient. La guerre en Europe aurait troublé les vastes entreprises que le gouvernement du tsar engageait en Asie, hélas !

Du côté de la triplice, les dispositions différaient. L'Allemagne poursuivait l'exécution du plan politique que lui a tracé en Europe M. de Bismarck, et qui a pour objet de la rendre maîtresse de toute l'Europe centrale. L'Italie, alors gouvernée par Crispi, formait, elle aussi, des projets ambitieux.

Pour ces puissances l'alliance franco-russe était donc un obstacle qu'elles ne pouvaient, ni ne voulaient attaquer de front, mais qu'elles travaillaient à détruire.

L'Angleterre les y aida.

Le but, aujourd'hui, paraît atteint; l'équilibre reconstitué par la duplice ; l'équilibre, garantie non pas il est vrai de grandeur pour la France, mais garantie, nous le répétons, du *statu quo* et de la paix, est de nouveau rompu.

La politique savante du traité de Vienne maintenait entre les grandes puissances des États-tampons et créait une Europe factice, mais admirablement combinée, en vue de comprimer longtemps les ambitions des princes et l'essor dangereux pour la paix des nationalités.

Cette politique a pris fin en 1859, lorsque la France, revenant à la tradition internationaliste de la Révolution, appuya, au contraire, de son influence et de ses forces, la poussée des nationalités.

Résultat : quatre grandes guerres, 1859, 1866, 1870 et 1877.

La politique de contrepoids. de la duplice et de la triplice, qui maintient la paix en Europe depuis 1891, agonise ; les internationalistes français lui portent le dernier coup. Examinons la situation qui résulte des événements, rendons-nous compte des périls de guerre qui nous menacent.

III

La guerre résultant des congrès de la paix.

La tendance de l'Europe, à la fin du xixe siècle, au commencement du xxe, après le triomphe de la politique dite des nationalités, est vers le groupement des intérêts et des forces. Les faits économiques, le développement, la facilité, la rapidité des communications entre les peuples ont transformé la vie des États. L'internationalisme les pousse à l'unification ; aussi les plus forts et les plus habiles cherchent-ils à la réaliser à leur profit.

Nous invoquerons encore à ce sujet le témoignage de Proudhon que nos' révolutionnaires ne sauraient récuser :

« L'idée d'une paix universelle, perpétuelle, dit-il, est aussi vieille dans la conscience des nations, aussi catégorique que celle de la guerre. »

Et il ajoute — ce qui peut sembler paradoxal, mais qui est rigoureusement exact — en philosophe et en historien : « La guerre est une revendication de la paix. »

C'est, en effet, pour conquérir la paix favorable à leurs intérêts, la paix durable par l'écrasement de leurs rivaux, que les États ont toujours entrepris la guerre.

Rome a conquis le monde antique pour assurer la paix voulue par ses hommes d'État : *Pax romana*, c'est-à-dire, en réalité, la domination romaine.

L'unité implique nécessairement, en effet, la prépondérance de celui qui l'accomplit. L'unité nationale s'est faite, se fait par la guerre, par la force qui seule peut avoir raison des intérêts divergents : de même l'unité européenne ne deviendrait une réalité, dans un avenir plus ou moins éloigné, qu'après une lutte entre les éléments, entre les groupements de nations qui se disputent la prépondérance.

Cette unité, les plus grands hommes d'État qui dirigèrent la politique de notre pays sous l'ancienne monarchie, ceux de la Révolution et Napoléon Ier l'ont tentée : étendre la France jusqu'au Rhin, briser les grandes puissances capables de lui faire obstacle et établir une sorte de protectorat sur le reste de l'Europe. Les grandes guerres de 1792 à 1815, n'eurent pas d'autre mobile. L'Angleterre s'opposa avec acharnement au succès de ces projets. Ce fut elle qui, exploitant les désirs de revanche de l'Autriche abaissée et de la Russie vaincue, fomenta les coalitions, les alimenta de ses subsides et réussit à faire échouer l'entreprise gigantesque de l'Empereur qui voulait faire de la France **la maîtresse** de l'Europe unifiée.

Napoléon III, à l'apogée de son règne, au lendemain de la campagne d'Italie, conçut le même rêve grandiose d'internationalisme. Cet homme, qui fit, en dix-huit ans de règne, trois grandes guerres, professait, nous l'avons déjà dit, l'horreur de la guerre. Dès 1840, dans l'ouvrage qu'il publia, sous ce titre : *Les Idées napoléoniennes*, il justifiait son oncle, le premier Bonaparte, en le représentant « comme un souverain belliqueux par nécessité, mais pacifique par nature, forcé de vaincre pour se défendre et de conquérir pour se maintenir, mais désireux surtout de gagner la paix et de la rendre perpétuelle en groupant les peuples en une confédération européenne destinée à remplacer entre eux l'état de nature par l'état social ».

En 1863 donc, Napoléon III essaya de réaliser ce rêve conçu et exposé à une époque où, simple prétendant, un peu ridicule, personne ne prenait au sérieux ses paroles ni ses écrits. Il proposa la réunion d'un Congrès de la paix appelé à résoudre toutes les difficultés qui divisaient l'Europe et susceptibles de provoquer des conflits armés.

« Quoi de plus conforme, disait-il — à la surprise générale — dans le discours prononcé à l'ouverture de la session du Corps législatif, le 5 novembre 1863, quoi de plus conforme aux idées de l'époque, aux vœux du plus grand nombre, que de s'adresser à la raison, à la conscience des hommes d'État de tous les pays, et de leur dire :

« Les préjugés, les rancunes qui nous divisent
« n'ont-ils pas déjà trop duré ?

« La rivalité jalouse des grandes puissances em-

« pêchera-t-elle sans cesse les progrès de la civili-
« sation ?

« Entretiendrons-nous toujours de mutuelles
« défiances par des armements exagérés ?

« Les ressources les plus précieuses doivent-elles
« indéfiniment s'épuiser dans un état qui n'est ni
« la paix avec sécurité, ni la guerre avec ses chan-
« ces heureuses ? »

Après avoir défini en ces termes les inconvénients
de la paix armée et exprimé avec une chaleur com-
municative son désir d'y remédier, Napoléon III,
terminait par un dernier appel aux sentiments
d'humanité des souverains : « Ayons le courage,
disait-il, de substituer à un état de choses maladif et
précaire une situation stable et régulière, dût-elle
coûter des sacrifices. Réunissons-nous sans système
préconçu, sans ambition exclusive, animés par la
seule pensée d'établir un état de choses fondé
désormais sur l'intérêt bien compris des souverains
et des peuples. »

Ce langage inattendu provoqua tout d'abord
l'enthousiasme. La presse européenne en célébra
la générosité magnanime, non sans quelque scepticisme sur le résultat. Scepticisme que justifiè-
rent presque immédiatement les réserves et les
objections.

Il ne s'agissait, en effet, de rien moins que d'établir un nouvel équilibre européen, seul moyen de
prévenir les conflits. Mais de la solution de ces
conflits dépendait l'avenir, la vie même de certains
États. On dut comprendre bien vite qu'ils n'aban-
donneraient pas leurs prétentions, qu'ils les défendraient au contraire même par les armes, plutôt

que de se résigner. L'Angleterre refusait net de renoncer à l'empire de la mer et de diminuer ses flottes d'une seule unité, l'Autriche entendait ne rien céder des territoires qu'elle possédait encore en Italie ; la Russie, aux prises avec l'insurrection polonaise, ne voulait pas entendre parler de médiation.

Il advint tout naturellement que, seuls, les gouvernements animés d'idées ambitieuses et d'esprit conquérant, encouragèrent un projet qui favorisait leurs visées et leurs espérances de remaniements territoriaux à leur profit, de telle sorte que Napoléon III dut se convaincre qu'il ne pouvait compter que sur le concours des puissances intéressées à provoquer la guerre et que celle-ci résulterait certainement d'un congrès de la paix.

Il fallut y renoncer.

Cet échec ne découragea pas cependant le souverain, le « doux entêté ». Il reproduisit sa proposition après la victoire de la Prusse à Sadowa, alors que celle-ci pouvait se considérer comme satisfaite et que l'unité allemande devenait un fait accompli, en même temps que l'unité italienne se complétait par l'annexion de la Vénétie.

Le colonel Stoffel, attaché militaire de France à Berlin, dont on connaît les rapports si documentés, si vrais sur les forces allemandes, avait été consulté entre temps sur les conséquences d'un désarmement. Il répondit :

« Il faut reconnaître qu'on a quelque peine à donner au mot désarmement une définition précise. D'abord, comme il n'y a pas deux puissances dont l'organisation militaire soit la même, il ne

saurait avoir le même sens pour elles... En cherchant à ce mot une signification précise qui s'applique à tous les pays on ne trouve que celle-ci :
diminution dans l'effectif des hommes qu'une puissance instruit, se réserve pour la guerre. » Et,
partant de cette définition, l'auteur n'admettait
que deux moyens de désarmer : l'un consistait à
réduire le contingent, en conservant le même
nombre d'années de service ; l'autre à réduire la
durée du service, en conservant le même contingent ; l'emploi du premier était interdit à la Prusse
par le principe du service obligatoire ; « l'emploi du
second affaiblirait peut-être l'instruction militaire
de ses troupes, mais n'en diminuerait pas le
nombre ; elles ne serviraient plus qu'un an ou deux
dans l'armée active, mais au jour du péril les réserves et la landwehr rappelées formeraient une
masse énorme de 900.000 hommes. » — La démonstration du colonel Stoffel ne dessilla cependant pas
les yeux de celui qui s'obstinait dans son rêve.

En 1870, au lendemain de la constitution du ministère Émile Olivier, Napoléon III pria lord Clarendon d'intervenir personnellement près de M. de
Bismarck, au nom de l'humanité. L'homme d'État
anglais, bien que sans illusion sur le résultat de la
démarche, consentit à la tenter.

Le refus ne se fit pas attendre.

Il parvint à Londres « sous la forme d'une dépêche dans laquelle lord Loftus rendait compte à son
chef d'un important entretien avec le comte de
Bismarck. Ce dernier déclara d'abord qu'il hésitait
à faire part à son Roi, dont il connaissait les sentiments, de la proposition anglaise. Il rappela en-

suite que lui-même avait eu autrefois sur la question du désarmement un entretien de quatre heures avec l'empereur Napoléon. Abordant ensuite le fond du débat, il fit remarquer que la Prusse pouvait difficilement toucher à ses institutions militaires : elles étaient entrées profondément dans les habitudes du pays, et formaient une des bases de sa constitution. Après avoir repoussé le projet de lord Clarendon comme impraticable, le chancelier le condamnait comme inutile. La Prusse entretenait une armée de 3oo.ooo hommes. Qu'était-ce si on la comparait à celle de la France, qui comptait 4oo.ooo hommes, ou à celle de l'Autriche qu'une nouvelle loi militaire portait à 8oo.ooo soldats en temps de guerre ? Qu'était-ce surtout si on considérait la forme de ses frontières ouvertes de tous côtés à l'invasion, et la puissance de ses voisins, contre lesquels elle n'aurait pas trop de toutes ses forces, si une alliance venait à les réunir ? Enfin la meilleure garantie de la paix n'était-elle pas dans les dispositions pacifiques du pays ? Le mieux était donc de ne pas toucher à une organisation qui ne menaçait personne. — La Prusse, concluait le chancelier, n'est pas une nation conquérante (1). »

Bismarck, qui se jouait ainsi de la diplomatie de Napoléon III, tenait ce langage en février 1870, à l'époque même où le maréchal de Moltke préparait les plans de mobilisation de l'armée allemande contre la France, et la conquête de l'Alsace et de la Lorraine.

(1) *Napoléon III et le désarmement*, par A. Pingaud, dans la *Revue de Paris* du 15 mai 1899.

La moindre insistance de la part de la France eût entraîné la guerre.

Le clairvoyant et avisé colonel n'hésita pas à dénoncer le péril.

« La Prusse, disait-il, ne peut désarmer qu'en violant le principe du service obligatoire ; » et sur ce point, il se bornait à reproduire les considérations développées dans son rapport de 1868. — « La Prusse ne peut abolir ni fausser le principe du service obligatoire auquel elle doit sa grandeur ; l'armée organisée sur cette base est moins encore une institution militaire propre à repousser une invasion qu'une institution sociale destinée à inculquer aux masses les mêmes sentiments d'obéissance au souverain et à l'autorité ; elle est considérée par la nation, non seulement comme une machine de guerre pour la défendre, mais encore comme une école pour la former ; et la Prusse ne peut en changer le caractère sans s'affaiblir jusqu'au suicide. » — Il n'y a qu'un cas, continuait le colonel Stoffel, où une proposition de désarmement faite à la Prusse aurait un sens : c'est celle où le gouvernement qui la présenterait désirerait amener une rupture. Il faut même convenir qu'aucune question ne serait plus propre à l'accomplissement d'un tel dessein, car elle permettrait des discussions, des disputes de toute nature, et, en fin de compte, *une mise en demeure.* »

La guerre apparaissait donc encore comme l'issue fatale de cette intervention en faveur du désarmement et de la paix.

Est-ce que plus récemment la déception de Nicolas II ne fut pas la même ? Lorsque la question de désarmement partiel et d'arbitrage se posa à La Haye, l'Angleterre et l'Allemagne réitérèrent les objections d'autrefois.

Les diplomates assemblés durent se séparer, après avoir fait œuvre stérile.

Personne n'osa même sérieusement formuler une proposition, une mise en demeure de désarmement dont la conséquence ne pouvait être que la guerre.

Après de longues et laborieuses séances consacrées à l'audition de discours vagues et à des discussions sur le droit des gens, la conférence dut reconnaître qu'à l'exception de certains conflits secondaires à propos desquels aucune puissance n'aurait, en aucun temps, risqué la bataille, l'arbitrage ne réglera jamais aucune question d'intérêt vital pour un peuple.

Toutes les questions de ce genre, c'est-à-dire les seules qui soient susceptibles de provoquer la guerre, n'ont-elles pas été soigneusement réservées dans les traités d'arbitrage signés par les gouvernements d'Angleterre, d'Italie, des États-Unis et de France? Aucun d'eux ne voulait ni ne pouvait, en effet, renoncer au droit de combattre dans certains cas où le droit de combattre se confond en réalité avec le droit de vivre.

La réunion projetée d'un nouveau congrès, dit de la paix, soulèvera toujours les mêmes difficultés. Même sincèrement proposée par le tsar, elle aurait surtout pour objet, à l'instigation de l'Allemagne, de faire résoudre contre l'Angleterre certaines questions de droit international au sujet des lois de la neutralité sur mer.

Pour fonder amiablement les États-Unis d'Europe dont les « Pacifistes » nous annoncent l'avènement prochain, deux conditions doivent être préalablement réalisées :

1° Destruction des monarchies existantes, car aucun souverain ne consentira jamais à la disparition des forces militaires sur lesquelles s'appuie son pouvoir;

2° Suppression absolue de tout antagonisme d'intérêts entre les nations.

Or personne n'osera sérieusement prétendre que ces deux conditions soient réalisables autrement que par la plus formidable des révolutions, c'est-à-dire par la force, c'est-à-dire par la guerre.

Encore l'unité établie n'assure-t-elle pas la paix de façon absolue. N'a-t-on pas vu aux États-Unis la grande et longue guerre de Sécession mettre aux prises les États du Nord et ceux du Sud?

A moins de supprimer tout intérêt particulier, de créer — par la force, car les intérêts ne cèdent qu'à la force — une Europe collectiviste, gouvernée selon la méthode de Karl Marx et de Jules Guesde, les conflits seront toujours possibles.

Alors même que les nations actuelles deviendraient les provinces d'un même État, celles qui auraient à souffrir du régime d'unité, celles dont les intérêts économiques — et il y a bien d'autres intérêts — seraient lésés, ne le subiraient que par la force et n'attendraient qu'une occasion pour tenter de la mettre de leur côté.

La tendance à l'unité en Europe n'en persiste pas moins, de plus en plus menaçante pour la paix.

Déjà Napoléon, à Sainte-Hélène, disait :

— Dans cinquante ans, l'Europe sera républicaine ou cosaque.

Le grand homme se trompait de date, mais de date seulement. Il concevait une Europe unie soit par le triomphe de la Révolution, soit par celui d'une autocratie. Il posait ainsi avec une clairvoyance géniale le problème de l'internationalisme.

Lui-même, à l'instar des Romains et de la plupart des grands conquérants, n'avait-il pas voulu, ainsi que nous le disons plus haut, réaliser l'unité?

« Napoléon, observe très justement Lerminier, d'accord avec Proudhon, faisait la guerre pour amener les peuples à ses idées; il voulait les persuader; c'était son vœu le plus intime, son désir le plus cher. Ouvre-t-il une campagne, il a exposé à la puissance qu'il attaque le but qu'il se propose, le changement qu'il veut apporter dans l'économie européenne. Il prie qu'on veuille bien entendre raison; mais il est forcé de livrer bataille, et quand il l'a gagnée, que veut-il? Signer la paix dans la capitale étrangère, content, enchanté, croyant avoir persuadé ceux qu'il a vaincus. »

Lui vaincu à son tour, il n'en pensait pas moins que l'unité se ferait un jour pour ou contre la Révolution.

Essentiellement internationaliste, il ne lui suffisait pas de conquérir et d'assimiler par les armes, il complétait cette œuvre de guerre par celle de législation; il détruisait partout l'ancien régime, à l'aide du code Napoléon. Sa correspondance con-

tient à ce sujet de curieuses réflexions, particulièrement dans une lettre à son frère Jérôme, alors
roi de Westphalie, laquelle expose comment ledit
code suffit chez tous les peuples à briser les prétentions nobiliaires et féodales les plus invétérées.

IV

*Les États-Unis d'Europe. — Unité par la ré-
volution ou par la réaction. — L'Europe germanisée.*

Depuis que ces projets d'unité, conçus par Napoléon Ier et par Napoléon III, ont échoué, l'Allemagne, victorieuse de la France en 1870, tenta de
constituer en Europe de nouveaux groupements de
forces : La France, l'Italie, l'Espagne, les petits peuples autonomes seraient vassalisés; l'Autriche entrerait dans l'empire allemand. La préparation de
cette étape vers l'unité est exposée par des publicistes allemands; le pangermanisme considère et
annonce qu'elle devra, qu'elle pourra être franchie
au cours du siècle qui commence.

C'est une conception des États-Unis d'Europe
absolument contraire à celle de la Révolution.
Comment deviendrait-elle une réalité?

Par la victoire allemande, ou par l'abdication
des puissances qui, sans combattre, accepteraient
leur vassalisation.

« Si, en effet, ainsi que l'a écrit, avec beaucoup de sens et de raison M. Lockroy, les États-Unis d'Europe se constituaient aujourd'hui, fatalement et sans que personne puisse s'y opposer, le groupement se ferait autour de la nation la plus puissante, la plus fortement organisée.

« Quelle serait cette nation souveraine et prépondérante? Ce ne serait pas la France assurément. Il n'en est qu'une qui pourrait prétendre à ce rôle et qui déjà y prétend, c'est l'Allemagne... »

Un écrivain de très grand talent, nullement politicien, qui n'est pas suspect de chauvinisme, M. Paul Adam, observateur très fin et très avisé, note lui aussi, au cours de ses voyages, avec quel parti pris l'Allemagne savante aussi bien que l'Allemagne officielle travaille à discréditer la France.

« C'est une tactique, dit-il, et la plus opiniâtre. Pendant que notre gauche gouvernementale semble accepter les belles théories humanitaires de l'internationalisme, pendant qu'elle affecte de répugner à tout conflit, de laisser notre marine dépérir, et de miner, par la loi de deux ans, la puissance de notre armée de terre, pendant cet essai généreux vers la paix universelle, les pangermanistes détruisent, chaque jour, ce qui nous reste de sympathies fidèles sur la planète. Leurs docteurs nient notre science, leurs artistes notre talent, leurs journalistes notre capacité à soutenir une opinion saine et normale. Abusant de nos vaudevilles et de nos pornographies, ils répètent que cela seul nous désigne à la risée et au dégoût des hommes, comme si nous-mêmes nous efforcions de représenter l'Allemagne ainsi qu'une tabagie pleine d'ivrognes, puant l'odeur grasse de la charcuterie, sans jamais nous entretenir de Wagner, de Nietzche, ni de Rœntgen. Ils s'emparent de nos railleries sur nous-mêmes, ils s'approprient les critiques sévères dont nous châtions franchement nos péchés, pour feindre de croire à nos seuls défauts, pour omettre les mérites que ces défauts supposent. Inconsciemment chez beaucoup, consciemment chez quelques-uns, ce travail de malveillance inique s'accomplit chaque jour. »

La manière de voir de M. Paul Adam, en ce qui concerne les États-Unis d'Europe, ne diffère pas de celle de M. Lockroy :

« Depuis trente ans, l'Allemagne s'efforce à se particulariser. Le sens de sa victoire militaire aussi bien qu'économique l'infatue superbement. Il y a de quoi, d'ailleurs. Elle s'imagine, comme l'Union américaine, être le plus grand peuple du monde, celui destiné à parfaire la synthèse des patries, soit par la persuasion et l'autorité de son intelligence, soit par la force des armes. Elle entend fonder les États-Unis d'Europe au bénéfice de son prestige, comme le Nord puritain fonda les États-Unis d'Amérique, au bénéfice de New-York, de Boston, de Philadelphie, de Baltimore. »

Tout l'avantage serait évidemment pour l'Allemagne, dont cette constitution des États-Unis de l'Europe centrale et de l'Europe occidentale assurerait la suprématie.

Les influences dont elle dispose sont donc mises au service d'une politique patiemment et constamment poursuivie depuis plus de trente ans, afin d'arriver au but.

En même temps qu'elle ne cesse de perfectionner et de développer sa force militaire, l'Allemagne impériale habitue l'opinion aux solutions qu'elle projette d'imposer, l'heure venue.

D'une part, elle encourage chez nous un certain internationalisme en ce qu'il a de destructeur du sentiment de la patrie et du devoir envers la France, ainsi que de l'esprit militaire ; de l'autre, elle se pose en rempart de la religion et de la société menacées par la « sociale ». Elle se réjouit de l'œuvre d'anarchie qui se fait dans notre pays et elle y aide, en même temps qu'elle rassure les trônes et les intérêts du parti conservateur.

Les faits, les exemples abondent :

Une campagne se fait en France en vue de développer jusqu'à l'exaspération maladive, l'horreur de la guerre ; elle se poursuit dans la presse, dans le livre, au Parlement, dans les universités et à l'école.

Ce sont des instituteurs eux-mêmes qui, réunis en congrès, jettent l'anathème à tout un passé glorieux, répudient une partie — la plus sacrée — de notre héritage national et proposent de biffer des programmes de l'enseignement, l'histoire des grands soldats qui ont fait la France. Plus de récits d'héroïsme ! Plus d'épopées ! On ne doit parler de nos guerres aux enfants que pour les maudire toutes et pour développer chez eux non pas l'esprit de dévouement et de sacrifice, mais l'instinct de conservation et d'égoïsme, comme s'il avait besoin d'être développé.

La Ligue de l'Enseignement, ligue officielle, supprime la devise que lui avait donnée son fondateur : *Pour la Patrie, par le Livre et par l'Épée.* « La Patrie ! L'épée au service de la Patrie ! Les internationalistes de l'Université nouveau jeu ne veulent plus de ces vieilles guitares (1). »

Dans *le Volume,* un des hommes les plus considérables et influents de cette Université nouveau jeu, comme l'appelle *le Temps,* M. Payot, recteur de l'Académie de Grenoble, condamne la guerre et la déclare « agonisante ».

« Le fer n'appelle l'or, que lorsqu'il est converti en charrues et en machines. »

Donc, à quoi bon des armes ? Enfants, si la patrie a besoin de vos bras, répondez-lui qu'ils sont à la charrue et à la machine.

La *Revue de l'Enseignement primaire et primaire supérieur* déclare :

« Plutôt l'insurrection que la guerre. »

La même Revue conseille ouvertement la désertion devant l'étranger, et, prévoyant une guerre contre l'Allemagne, elle publie ces lignes :

« Le jour où le Gouvernement français, quel qu'il soit, fût-il dirigé par M. Clémenceau, profiterait d'un embarras de l'Allemagne pour essayer de lui arracher, les armes à la main, l'Alsace-Lorraine, ce jour-là, nul doute que les socialistes français, obligés de risquer leur vie, ne préfèrent la risquer pour une affaire qui les passionne bien plus que

(1) *Le Temps,* numéro du 2 octobre 1904.

l'Alsace-Lorraine, pour la révolution sociale elle-même. »

Langage à noter sur lequel nous reviendrons ; il diffère des appels précédents et de ceux qui vont suivre, car son auteur tient pour méprisables les vagues sentimentalités « des pacifistes » purs. En bon internationaliste, il se garde bien de nier la force et de condamner la guerre ; il n'est d'accord avec les premiers que pour conseiller la désertion et la révolte, en cas de guerre contre l'Allemagne.

Un inspecteur d'Académie voyageant en Angleterre, constate avec une stupéfaction naïve que le « pacifisme » n'y rencontre pas d'adeptes et que le « chauvinisme » ou « jingoïsme » dirige l'opinion. Belle occasion pour lui de se demander si la France ne jouerait pas un rôle de dupe en s'obstinant dans l'illusion pacifiste, en renonçant à l'idée de patrie et à l'institution militaire. Mais non, le parti pris de cet extraordinaire éducateur est tel qu'il n'appelle l'attention des instituteurs sur le patriotisme intransigeant des Anglais que pour engager les maîtres de la jeunesse française à ne pas imiter ces forcenés et à n'opposer aux loups que de paisibles moutons. La doctrine est exposée tout au long dans une Revue très répandue parmi les instituteurs.

Il y a mieux encore ! Dans une réunion à la Bourse du Travail de Paris sur l'*Idée de paix dans l'Enseignement*, un des orateurs appartenant à l'Université proclame, sans du reste soulever de protestations, qu'en 1870 les Français auraient dû refuser de marcher à l'ennemi, et que mieux valait ouvrir à celui-ci les portes du pays que de sacrifier des vies humaines (1).

Nous avons eu sous les yeux de nombreux sujets de narration et de dictées à l'usage des écoles publiques enseignant aux enfants la doctrine même de certaines sectes piétistes ou anabaptistes sur la guerre et sur l'armée, concluant logiquement au refus de porter le fusil.

« Le seul fait, dit M. Leygues, ancien ministre du cabinet Waldeck-Rousseau, que l'idée de patrie ait pu être discutée et qu'on ait pu dire qu'il y a une crise du patriotisme est un fait d'une gravité extrême.

« La patrie n'est pas matière à controverse. On est patriote simplement, sans restriction et sans réserve, ou on ne l'est pas. Il y a peu de différence entre ceux qui refusent de remplir le devoir militaire et ceux qui demandent à examiner, le jour où le pays les appellera aux frontières, si l'agression est juste ou injuste, si la question de guerre et de paix a été bien ou mal posée... Et quelle est l'heure que les internationalistes choisissent pour pousser la jeunesse au mépris du drapeau et à la désertion ?

(1) Note publiée dans *la Presse* et qui n'a pas été démentie :

« Une réunion sur *l'Idée de paix dans l'Enseignement* s'est tenue à la Bourse du Travail, mercredi soir, sous la présidence de M. Charles Richet.

« Un orateur n'a pas craint d'y soutenir cette thèse qu'en 1870 la France *n'aurait pas dû se défendre* contre la Prusse, mais lui céder sans combat l'Alsace-Lorraine. De cette façon « des centaines de milliers de vies humaines eussent été épargnées ».

« Cette parole impie, cette insulte aux morts de 1870, a été prononcée par un membre du corps enseignant de la Ville de Paris. »

Précisément l'heure où l'impérialisme des nations combatives, des races jeunes et fortes menace la primauté, l'existence même des races anciennes, où les rivalités deviennent chaque jour plus âpres, où le passé le plus glorieux, les services les plus éclatants rendus à la civilisation et à l'humanité ne sont plus pour aucun peuple une garantie de respect et de survie . . . .

« Gardons-nous donc de bercer le pays de chimériques espoirs. Évitons, dans nos paroles et dans nos actes, tout ce qui pourrait déprimer les âmes, énerver les courages et obscurcir dans les consciences la stricte et claire notion du devoir.

« Le monde aime les forts ; il a peu de pitié pour les faibles. Il pardonne vite à l'agresseur injuste et brutal qui triomphe. Il oublie plus vite encore la victime docile et résignée qui tend la gorge à son bourreau. »

On conviendra que la propagande qui fait appel, sous le pavillon humanitaire, aux sentiments de lâcheté de l'individu, prépare admirablement un pays à l'invasion et détruit toute fierté, toute énergie, tout sentiment de l'honneur.

Mais l'Allemagne, qui bénéficierait demain de ces campagnes à la fois ineptes et impies, ne s'en tient pas là ; elle entreprend dans des milieux tout différents d'amener les esprits à l'idée d'abdication nationale et de conquête. La politique de guerre civile, pratiquée chez nous, lui est à cet égard d'un précieux secours.

Nous pourrions citer telles régions de l'Est où déjà on insinue aux catholiques, encore si nombreux particulièrement en Lorraine, que leurs libertés religieuses, le respect de leur culte et de leur foi seraient assurés et garantis par le gouvernement impérial allemand, tandis que le pouvoir intolérant et oppresseur qui est à la tête de la République menace les droits sacrés de la conscience.

Certaines Revues en viennent à parler de séparatisme, à se demander si l'intérêt bien entendu ne serait pas une sorte de reconstitution de l'Empire de Charlemagne, unissant les provinces germaniques et celles de France sous le sceptre des Hohenzollern.

Il n'est pas jusqu'aux politesses dont Guillaume II s'est montré prodigue qui n'aient pour objet d'attirer sur lui l'attention favorable d'un certain nombre de Français. Une publicité habile se fait autour de son nom, de ses moindres manifestations.

Ne nous révélait-on pas tout récemment qu'il est doublement Français de par ses origines, descendant des Guises et des Coligny ? Ne se prépare-t-il pas à faire élever au célèbre amiral un monument dans un des domaines impériaux ? (1) Le Kaiser

(1) *La Revue* démontre que Guillaume II, empereur d'Allemagne, descend de Coligny par son père et du duc de Guise par sa mère.

La fille de Gaspard de Coligny épousa, en 1583, Guillaume de Nassau-Dillenburg. De ce mariage naquit Frédéric-Henri de Nassau, stathouder des Pays-Bas; sa fille, Louise-Henriette, épousa le grand-électeur Frédéric-Guillaume Ier de Brandebourg, dont l'empereur Guillaume II descend directement, suivant une filiation connue.

De l'autre côté, la généalogie s'établit de la manière suivante. Une fille de Frédéric-Henri de Nassau, Henriette-Catherine, épousa Jean-Georges II, prince d'Anhalt-Dessau. Une fille née de cette union, Elisabeth-Albertine, se marie à Henri, duc de Saxe; de ce mariage est issu un fils, Jean-Ernest II, dont le descendant, Jean-Ernest, épouse en pre-

deviendrait à la fois chez nous le protecteur des huguenots, et des juifs qu'il rassure et celui des catholiques en butte aux misérables persécutions de sectaires qui se prétendent libres-penseurs. Près de ceux que le progrès de l'esprit révolutionnaire dans notre pays épouvante et qui tremblent pour leurs industries et pour leurs fortunes en péril, qui redoutent une jacquerie de paysans ou d'ouvriers, on insinue qu'un homme serait encore capable de sauver le capitalisme et la société : le Kaiser !

Dans un journal cosmopolite publié en France, l'*Européen*, l'idée a été lancée et discutée sérieusement d'une sorte d'annexion de la France à l'Allemagne.

Un Français écrit à ce sujet à ce journal, qui la publie, l'incroyable lettre suivante :

« Monsieur le Directeur,

« L'idée que M. Vacher de Lapouge exprimait

mières noces Sophie-Augusta, princesse d'Anhalt-Zerbst. Le premier fils né de cette union, Ernest-Auguste, se marie avec Sophie-Charlotte-Albertine, margrave de Culmbach ; son petit-fils, Charles-Frédéric, épouse Marie-Paulowna, fille de Paul Ier de Russie, et c'est la fille née de ce mariage, Augusta, qu'épousa Guillaume, depuis Guillaume Ier, empereur d'Allemagne.

Par sa mère, Victoria, femme de l'empereur Frédéric Guillaume II descend du duc Claude de Guise, de la sorte Marie de Lorraine, fille de Claude de Guise, épouse Jacques V d'Écosse ; sa fille, Marie d'Écosse, est unie à Jacques VI d'Écosse, plus tard Jacques Ier d'Angleterre ; une fille née de ce mariage, Élisabeth, épouse Frédéric V, électeur palatin. Un fils de sa descendance devient Georges II d'Angleterre, d'où est issue Victoria, reine d'Angleterre, mère de Victoria, femme de l'empereur Frédéric III.

4

dans l'*Européen* du 3o juillet dernier mériterait de
ne pas passer inaperçue :

« Une Franco-Allemagne à la façon de l'Autriche-
Hongrie ».

« Voilà, en effet, qui permettrait de régler pacifiquement et honorablement la question d'Alsace-
Lorraine.

« Quoi, va-t-on dire tout d'abord, Guillaume empereur d'Allemagne et roi de France? — Pourquoi
pas? Partout où les races germanique et française
l'ont pu, elles se sont d'elles-mêmes organisées en
pays mixtes, la Suisse, la Belgique, l'Australie. Tôt
ou tard l'Alsace-Lorraine en fera autant. Et c'est
en pensant à ceci qu'on désapprouve tous les projets qui tendraient à dépecer les provinces annexées
suivant la frontière des langues. Ce serait la pire
solution pour l'Europe, pour la France et pour
l'Alsace-Lorraine elle-même qui veut et qui doit
rester une.

« Donc, à l'imitation de tous ces pays franco-alle-
mands, pourquoi n'existerait-il pas un grand empire de France et d'Allemagne (qu'on pourrait appeler empire d'Occident, pour éviter toute difficulté de préséance dans le dualisme) ? Bayonne et
Dantzig n'auraient pas plus de raisons de ne pas
s'entendre qu'aujourd'hui Zurich et Genève, ou An-
vers et Liège.

« L'Alsace-Lorraine, bien entendu, cesserait d'être
terre d'empire allemand pour devenir terre d'empire d'occident. Elle aurait la même autonomie que
la France d'un côté, l'Allemagne de l'autre. Ses
garnisons ne seraient composées que d'indigènes,
et l'uniforme militaire ne comporterait ni le képi ni

le casque à pointe. Ce simple détail ferait plus que tout le reste pour la concorde générale. L'Alsace-Lorraine serait, du coup, la garantie de l'union franco-allemande : c'est elle qui arbitrerait tous les différends. Elle deviendrait le cœur de l'Europe, comme au temps carlovingien. L'empereur d'Occident y fixerait sa résidence habituelle. Guillaume n'aurait pas de sujets plus loyaux et loyalistes que ses habitants...

« Mais ce rêve est-il possible ? Plairait-il au grand intéressé d'abord ? Serait-il sympathique aux Allemands ? Et serait-il acceptable par les Français ? Qui s'y opposerait le plus chez nous ? A quelles obligations nous engagerait l'union ? L'Empire d'Occident serait-il une confédération ou ne simple triplice ? Quelles garanties faudrait-il accorder à Guillaume qui voudrait assurément régner en réalité et non en fiction ? Toutes ces questions sont délicates, difficiles, point insolubles d'ailleurs, je crois. Pourquoi l'*Européen* n'ouvrirait-il pas une enquête à leur sujet ? Il y a des éventualités auxquelles il est bon d'habituer son esprit.

« Agréez, etc...

« Henri MAZEL. »

Lettre sans importance, dira-t-on ; mais il n'est pas sans importance que de telles conceptions puissent éclore dans une cervelle française.

Et d'ailleurs, écrivent certains publicistes, qu'est-ce que la France ?

Une expression géographique.

Il y a une race slave, une race germanique, une race anglo-saxonne : il n'y a pas de race gauloise.

La France n'est qu'un composé de peuples, de tribus aux origines très diverses.

« Notons au hasard de la plume, dit la *Revue*, les noms de peuplades qui ont contribué à la formation du sang français : Aquitains, Ibères, Vascons, Silures, Sallyes, Libici, Suètes, Vulgientes, Sardones, Conquéraniens, Arvernes, Bituriges, Santons, Pictons, Cambolectri, Agesineses, Turones, Andegades, Carnutes, Vénètes, Curiosolites, Rhedons, Osismiens, Abricantuens, Lexoviens, Auleris, Véliocasses, Calètes, Parisii, Lingones, Helvètes, Éduens, Lences, etc., etc., Alains, Vandales, Theiphales, Agathyrses, Ruthènes, Polonais, Vénèdes, etc., etc., Belges, Galates, Cimbres, Wisigoths, Burgondes, Francs, Saxons, Allemands, Suèves, etc., etc., avec des centaines de sous-divisions ; Phéniciens, Sarrasins (Morisques), Juifs, Étrusques, Pélasges, Sabins, Thyrrènes, peuples mongoloïdes, etc., sans parler des peuplades excentriques comme les Tzganes et tant d'autres races « maudites », dont on connaît encore moins l'origine et le rattachement ethnique de même que des peuplades négroïdes, dont l'existence antérieure en France paraît être prouvée, grâce à la découverte des crânes valaisans datant du treizième et du quatorzième siècle, et des crânes néolithiques armoricains, du même type négroïde !

« Deux constatations étranges se dégagent de l'histoire anthropologique de la France : la France est le plus vaste, le plus riche réservoir d'éléments ethniques, et ne peut point revendiquer sa qualité dominante de peuple ou de pays gaulois ; de l'autre, conclusion encore plus inattendue : s'il fallait absolument attribuer la descendance gauloise à un peuple d'Europe, ce serait à celui d'Allemagne.

« Nous arrivons ainsi à un imbroglio des plus inattendus. Ce sont les Français qui deviennent des Germains et ce sont les Germains qui deviennent des Gaulois. »

Conclusion : amalgamons, fusionnons.

Pourquoi la France ne deviendrait-elle pas une province de l'Allemagne ?

Plus de dix siècles de notre histoire nationale, nos traditions, les gloires et les souffrances communes des ancêtres qui ont fait la France, tout cela ne compte plus devant la science. Il ne nous reste qu'à nous incliner, à renier l'héritage national et à nous sacrifier à l'anthropologie.

C'est Guillaume II en personne qui se proclame l'héritier de Charlemagne.

« L'Allée de la Victoire, à Berlin, est la rédaction en langue concrète, à l'usage des foules, de cette vaste synthèse d'histoire. Elle est l'œuvre de Guillaume II qui en conçut le plan et le dessina. A l'une des extrémités se dresse le paladin Roland ; à l'autre bout le monument de la Victoire. Entre ces deux jalons, auxquels le souvenir de la France est mélancoliquement attaché, s'échelonnent les margraves de Brandebourg et les princes de la maison de Prusse qui enseignent la genèse de l'État prussien en même temps qu'ils marquent les étapes successives de la restauration de l'Empire (1). »

(1) Notes de M. E. Jousset, publiées dans l'*Éclair*. La plupart des journaux radicaux ne s'inquiètent pas moins de l'attitude prise par Guillaume II. Un de ces journaux, l'un des plus importants de la presse de province, l'*Union Républi-*

En 1902, Guillaume II, à l'inauguration du Musée Frédéric et de la « Galerie de la gloire » indiquait à l'Allemagne, comme un idéal à poursuivre et à réaliser, la « domination germanique mondiale ».

Ses paroles ont trouvé de l'écho dans tous les

caine de la Marne, organe de M. Bourgeois, a publié à ce sujet d'intéressants articles de MM. Chauvin et Person :

« Je veux prendre à témoins écrit ce dernier, l'empereur Guillaume lui-même et les Allemands.

« Dernièrement encore, à Coblentz, l'empereur a révélé le fond de sa pensée, c'est-à-dire un pangermanisme à outrance. Il ne lui suffit pas d'avoir à sa disposition une armée formidable, une flotte qui ne le cédera bientôt qu'à celle de l'Angleterre. Il veut la concentration de toutes les forces morales et religieuses de l'Allemagne au service de sa politique mondiale. Il a raconté qu'à Hohenzollern, le château de ses pères, il y avait deux chapelles, l'une pour les protestants, l'autre pour les catholiques, afin que les uns et les autres, librement et côte à côte, puissent célébrer le culte de leur choix, les yeux fixés sur la bannière impériale qui flotte dans les airs au-dessus de l'édifice, « unis à l'intérieur, fortement décidés au dehors, sous « la protection du Rédempteur ».

« Et ce n'est pas là seulement un symbole ni de vaines paroles. Par une politique habile, Guillaume a établi l'équilibre entre les confessions catholique et protestante. Il est en coquetterie réglée avec le pape et les évêques. Il fait servir la religion à ses desseins.

« Voilà l'homme, voilà le voisin de l'Est, armé jusqu'aux dents, fauve ou oiseau de proie, *quœrens quem devoret.*

« Il n'y manquait plus qu'une chose, c'est que le peuple allemand lui-même fît *chorus* avec son souverain : or, c'est fait, et de la façon la plus significative. Dernièrement, au Congrès socialiste d'Iéna, la question fut posée et résolue. Un néophyte, M. Michels, ayant cru pouvoir dire : « Nos « ennemis ne sont pas en France, ni en Angleterre, mais « chez nous, » ce fut un beau tapage ! Le socialisme allemand est et entend rester national. Il ne travaille pas pour l'exportation. La patrie allemande reste l'objet de son culte. Ce n'est pas lui qui plantera le drapeau de Sedan dans le fumier. Il n'est pas pour le refus du sevice militaire ni pour la grève des réservistes. »

milieux où se manifeste l'action pangermanique, en
Autriche et même en Danemark, en Suède et en
Norvège. Bjœrnstjerne-Bjœrnson, qui intervint avec
tant de passion dans les affaires françaises, lors du
procès Dreyfus et qui se pose volontiers en champion du « pacifisme », proposa l'union de toutes les
races germaniques, dans lesquelles il ne se fait pas
scrupule d'englober les peuples d'Angleterre, de
Belgique, de Hollande, de Suisse et même des États-
Unis.

« Bien que le présent, dit Bjœrnstjerne ne soit
guère encourageant, j'affirme que la formation
d'une ligue de ce genre démontrerait aux peuples
en cause la possibilité de l'alliance que je préconise.
Et cela suffirait peut-être pour qu'un grand homme
se décidât à vouer sa vie à la réalisation de ce vaste
projet. »

Le « grand homme » ne demande qu'à entrer en
scène.

Qui donc enfin, mieux que Guillaume II, a su
exploiter, dans l'intérêt de sa cause d'unité européenne et d'hégémonie allemande, le péril améri-
cain et le péril jaune ? L'Europe oserait-elle
s'opposer à l'œuvre de pangermanisme, alors que
ce pangermanisme sauveur la défendra contre la
concurrence acharnée, de plus en plus redoutable
des uns et les invasions futures des autres ? Il n'est
pas jusqu'aux sentiments anti-anglais d'un certain
nombre de Français qui ne soient exploités pour
nous engager à nous jeter dans les bras de l'Allemagne.

Ces avances ne sont pas chez nous toujours
repoussées. Un journal colonial propose sérieu-

sement une alliance franco - russe - allemande.

« Les raisons, dit-il, ne manquent pas pour justifier cette opinion, au premier abord un peu audacieuse : le désir avoué de l'empereur Guillaume, de se rapprocher de la France aussi bien que de la Russie ; l'hostilité déclarée du cabinet de Berlin contre les hommes du Foreign-Office, qui ont déchaîné et encouragé la rébellion des Herreros ; enfin et surtout la nécessité impérieuse de défendre l'Europe et la civilisation contre les Anglo-Saxons, unis aux barbares de l'Extrême-Orient. Telles seraient les raisons principales de cette alliance où l'Italie liée par la triplice, et la Hollande dont les colonies sont menacées par le Japon, ne manqueraient pas d'entrer. Avec l'Espagne dont les seuls alliés sont la France et l'Allemagne, avec la Belgique heureuse d'assurer la tranquillité du Congo et la Grèce, la coalition serait complète.

« Nous n'émettons pas là de simples hypothèses, des indiscrétions récentes ont dévoilé l'existence de tout un plan de campagne élaboré par des généraux français et russes, et qui a été sur le point d'être mis à exécution.

« En voici les grandes lignes : Destruction ou tout au moins, grâce à nos sous-marins, immobilisation de la flotte anglaise de la Méditerranée par les escadres alliées de l'Italie, de la Russie et de la mer du Nord — pendant ce temps, la flotte allemande et notre escadre de la Manche tiendraient la flotte anglaise de la Manche en respect — ; organisation sur les côtes de la Belgique, de la Hollande et de la France, d'une formidable descente, suivie d'une marche sur Londres, dont les abords sont peu ou point protégés. — Invasion de l'Inde par la Russie et l'Allemagne, en suivant les deux routes du Turkestan et de l'Afghanistan. — Occupation du Siam par les troupes françaises.

« L'armée russo-allemande devait être transportée par le chemin de fer d'Orenbourg à Tachkend, et c'était le grand-duc Nicolas qui devait en prendre le commandement.

« L'exécution de cet ensemble grandiose comprenait le siège de Gibraltar par l'Espagne, la mainmise de l'Italie sur Malte, la restitution de la Crète à la Grèce, et le passage libre des Dardanelles pour la flotte russe, grâce à l'influence de l'empereur allemand sur le sultan. Enfin, la proclamation de l'indépendance de l'Irlande à Dublin, et celle des républiques Sud-Africaines.

« Mais en voilà assez ; le lecteur nous a compris, et il ne nous est malheureusement pas permis de dire tout ce que nous avons appris à ce sujet.

« La lutte serait certainement terrible, mais nous sommes persuadés que l'Angleterre ne sortirait pas indemne de cette terrible rencontre.

« Le lion britannique, une fois maté et dûment cravaché, ce ne serait plus qu'un jeu pour les alliés d'exterminer le reste des Japonais et de les priver de cet armement perfectionné, dont ils ont fait si mauvais usage.

« La tranquillité de l'Univers serait assurée pour longtemps, et l'Europe, n'étant plus entravée dans son développement économique et colonial, entrerait dans une voie de prospérité inconnue jusqu'à ce jour. »

On remarquera qu'il s'agit encore de ce beau

projet de faire la guerre pour établir la paix sur des assises nouvelles. Or, l'Angleterre disparue, annihilée, resteraient en présence l'Allemagne, la France, la Russie et l'Italie qui se mettraient difficilement d'accord sur le partage de l'empire colonial britannique. La paix ainsi conquise ne serait pas de longue durée.

N'empêche que la diplomatie et la presse allemande officielles poursuivent leur but qui est d'amener la France à se mettre à la remorque de l'Allemagne.

Il a été écrit à propos de ce sujet, que l'empereur Guillaume II a traité lui-même en des lettres ou des télégrammes sensationnels, bien des articles de revue, des brochures, et même des volumes, sur les États-Unis d'Europe opposés à ceux d'Amérique et à la barbarie des jaunes. Or la constitution des États-Unis d'Europe, à l'heure actuelle, aussi que le démontre, sans réfutation possible, M. Lockroy, dans les pages que nous avons citées plus haut, ce serait la domination allemande et ce serait ainsi la réaction contre les influences françaises, contre la Révolution française elle-même, ce serait le triomphe d'un internationalisme conservateur asservi à l'Allemagne.

V

Comment on espère réduire la France à étouffer en elle tout sentiment de dignité et d'honneur. — Les sophismes de M. Jaurès. — L'expansion allemande.

Nous avons démontré que les diverses combinaisons devant, nous assure-t-on, aboutir à l'établissement des États-Unis d'Europe, ont fatalement pour conséquence la guerre, qu'il s'agisse d'une Europe révolutionnaire dirigée par la France, ou d'une Europe conservatrice et menée par l'Allemagne.

Il s'agit maintenant de prouver que celle-ci, très habilement, joue, dans son intérêt exclusif et sans scrupule, de ces combinaisons diverses, à seule fin de hâter le moment, que M. de Bismarck appelait « psychologique », où l'action germanique pourra se produire dans les conditions les meilleures avec toutes les chances de succès.

Le « coup de pouce » indispensable serait donné lorsque la France désarmée, démoralisée, se trouverait incapable d'opposer une résistance sérieuse.

L'affaire Dreyfus, en divisant les Français, en précipitant ce qu'on a appelé le chambardement et les progrès de l'anarchie, a servi et sert encore l'intrigue allemande.

De même les agitations révolutionnaires, les troubles et grèves si nuisibles à certaines industries, les alarmes que ces désordres menaçants provoquent, éveillent dans certains esprits — de même qu'en 1791 et en 1792 — l'idée d'une intervention de l'étranger, les habituent à la considérer comme possible dans certaines éventualités. C'est l'action de l'internationalisme conservateur.

Les lois contraires à la liberté religieuse produisent un même effet de désagrégation de la grande famille nationale, particulièrement dans certaines régions qui demeurent plus étroitement attachées à leurs croyances et fidèles à leurs traditions. Pour la première fois, depuis près d'un siècle, on a constaté des manifestations à tendance fédéraliste, sinon séparatiste.

Les pacifistes enfin sont entrés en scène avec un cortège de gémisseurs et de féministes des deux sexes, lacrimoyant sur la rudesse de la vie militaire, anathématisant la guerre, et défaillant à la vue du moindre bobo. Le service militaire obligatoire, qui réunit tous les jeunes Français sous les drapeaux, contribue à grossir les rangs de ce parti qui, à force d'attendrir la France, détruirait en elle tout sentiment d'énergie et de vitalité combative, de dignité et d'honneur.

Mais il y a mieux, car la logique impitoyable ne permet pas aux sophistes de s'arrêter en chemin.

Suivons les étapes d'une théorie dont les conséquences extrêmes et fatales démontrent l'absur-
dité :

— Les peuples sont des frères, donc l'idée de
patrie qui les sépare et les met en conflit est mau-
vaise, donc non seulement à bas l'Armée, mais à
bas la Patrie ! Celle-ci n'existant plus, il n'y a pas
lieu de combattre pour elle, il n'y a même pas lieu
de la défendre si elle est attaquée par une nation
encore armée. On a pu lire un article de M. Naquet,
dont nous reparlerons, concluant au suicide de la
France, invitée à s'offrir elle-même en holocauste,
à se sacrifier à l'humanité.

A moins d'être dépourvu du plus simple bon
sens, qui ne comprendrait que, si la France obéissait
à de telles suggestions, les Français, qui n'en sur-
vivraient pas moins, eux, à la disparition de leur
patrie et qui, plutôt que de la défendre, la laisseraient par lâcheté et par amour de l'humanité, à la
merci de l'étranger, ne tarderaient pas à devenir
les sujets de celui-ci, qui les annexerait et s'em-
presserait de les « remilitariser » à son profit ?

Supposons que, cédant aux conseils de M. Naquet, les citoyens de France jettent leurs armes,
suppriment les frontières, et laissent l'Allemagne
maîtresse de toute l'Europe centrale et occidentale,
leurs fils seraient bientôt incorporés et embrigadés
dans les armées des Hohenzollern et se feraient
tôt ou tard, de gré ou de force, casser les os pour
le roi de Prusse. Tel est le cas des Polonais.

On ne saurait, d'autre part, trop rappeler à ce
sujet un douloureux épisode de l'histoire d'Alsace.

1868, les étudiants de Strasbourg, encore Français, adressèrent, au nom de la fraternité des peuples, une chaleureuse adresse aux étudiants d'Allemagne, les invitant à venir célébrer au milieu d'eux, avec eux, la paix éternelle, et à réclamer la fin des guerres et la suppression des armées. La réponse ne se fit pas attendre. Les étudiants de Germanie ne comprenaient pas ce langage, ils rappelèrent brutalement à la réalité les camarades d'Outre-Rhin et déclarèrent qu'ils les traiteraient en frères, seulement lorsqu'ils les auraient germanisés.

Tandis que les pacifistes alsaciens se berçaient de ces illusions et de ces chimères qui détruisent chez les peuples l'instinct de conservation, les canons et les obus destinés à bombarder Strasbourg s'amoncelaient dans les arsenaux allemands.

Aujourd'hui, les fils des signataires de l'adresse fraternelle aux étudiants de Germanie ne portent pas, il est vrai, l'uniforme de l'armée française; mais ils sont coiffés du casque à pointe, et la conquête les a durement militarisés.

« Après Sadowa, dit Michelet (1), à la grande Exposition (de 1867), quelle confiance! quelle aveugle hospitalité ! Nous avions supprimé les portes, presque renversé les murs pour que la cité reçût, embrassât, s'il se pouvait, le monde. »

Et le grand historien idéaliste reconnaissait que la « personnalité française », sous la pression d'un certain humanitarisme, s'était volontairement laissé diminuer, alors qu'on avait laissé grandir et s'exalter « une personnalité allemande » (2).

(1) *Légendes démocratiques du Nord.*
(2) *L'idée de patrie et l'Humanitarisme,* par Goyau.

Aurions-nous donc oublié la terrible leçon? Mais, ripostent nos internationalistes, il faut compter avec la révolution chez les autres nations comme chez nous.

Or, si nous voyons bien qu'ils la préparent en France par tous les moyens, rien ne nous indique qu'ils soient à la veille de l'accomplir en Allemagne, où l'immense majorité de ceux mêmes qui, par esprit d'opposition, donnèrent leurs voix à des socialistes, ne sont nullement des ennemis de l'Empire, résolus à renverser la monarchie des Hohenzollern et à substituer à la monarchie la république. Croit-on, du reste, que la dynastie représentée actuellement par Guillaume II soit disposée à céder la place?

Quels moyens les socialistes français ont-ils donc de briser les forces militaires de l'Allemagne? Espèrent-ils que l'éloquence de M. Jaurès renouvellera le miracle des trompettes de Jéricho? Pourraient-ils, à l'exception de ce cas biblique, dont l'authenticité leur paraît assurément contestable, nous en citer un seul où la persuasion ait suffi contre la force? Encore faudrait-il qu'il y eût persuasion.

Examinons les faits, non pas ceux d'un passé lointain au sujet desquels on pourrait ergoter, mais ceux d'aujourd'hui.

Nous empruntons au journal même de M. Jaurès un ordre du jour voté à Carmaux, dont le leader socialiste est évidemment l'auteur et qui résume les conceptions de notre internationalisme français :

« Les socialistes français saluent d'une espérance enthousiaste le jour où la France et l'Allemagne, pleinement réconciliées sous l'influence de la démocratie socialiste, travailleront ensemble en Europe et dans le monde à élever la civilisation, à affranchir le travail, à développer la science et l'art, à affermir la paix, à préparer le désarmement simultané des grands peuples et à rendre disponibles pour la constitution d'un vaste budget social les fonds affectés au budget de la guerre. »

Ou ce langage est pure phraséologie, ou il propose, sans, du reste, indiquer les moyens de la réaliser, une transformation sociale réalisable. S'il n'est que phraséologie et rêve dans le domaine de l'abstrait et de l'absolu, si la suppression des frontières et des armées ne doit s'accomplir que dans un avenir tellement éloigné que personne n'oserait en préciser la date, ceux qui se livrent à des prédictions aussi aléatoires n'ont pas le droit de tenir pour négligeable l'organisation militaire des autres peuples et de nous proposer de détruire la nôtre avant l'heure.

Encourager par la presse, par le livre, par les discours les hommes qui, sous prétexte d'anti-militarisme, engagent le conscrit à ne pas se soumettre à la loi et le soldat à l'indiscipline; éliminer de l'école le culte de la patrie et le respect du drapeau, c'est désarmer moralement la France, c'est préparer la défaite.

Si le langage que nous venons de citer prétend, au contraire, indiquer un programme non pas platonique, mais pratique, comment les internationalistes l'exécuteront-ils autrement que par la force, autrement que par la guerre?

En Allemagne, en Russie, en Italie, en Autriche,

en Angleterre même, non seulement les gouvernements ne diminuent pas les armements, mais ils
les augmentent.

Que signifient les paroles de M. Jaurès prononcées
à la Chambre dans la séance du 10 novembre 1904,
où il a exposé la politique étrangère de son parti?

« Messieurs, dit-il, si nous sommes peu disposés
à nous prêter aux calculs égoïstes que la diplomatie
allemande a pu pratiquer, nous considérons d'autant plus comme notre devoir de bien dire à tous,
dans la mesure où notre parole peut être entendue
en Allemagne même, que le jour où, au lieu de travailler à des fins étroitement égoïstes, elle voudra
coopérer avec d'autres peuples à l'établissement de
la paix et d'un régime d'équité dans le monde, ce
jour-là la France ne lui opposera de parti pris aucune question préalable. »

C'est du verbiage, digne de M. de La Palisse.
Personne évidemment ne s'opposerait à l'établissement d'un régime de paix et d'équité entre la
France et l'Allemagne, si cette dernière renonçait
à travailler à des « fins égoïstes », en d'autres termes
moins oratoires, si elle renonçait à la politique
qu'elle pratique depuis 1863 et qu'elle considère
comme celle même de son évolution, de son développement historique et économique ; mais M. Jaurès, qui se grise de sa propre éloquence, pousse-t-il
la naïveté jusqu'à croire que, pour lui faire plai-
sir, la chancellerie de Berlin soit disposée à remettre en question le traité de Francfort, et à
abandonner l'œuvre de patience et de force dont
elle poursuit l'accomplissement en Europe et sur
les mers?

Tandis que les Chambres françaises se laissent bercer et endormir par cette « vieille chanson » pacifiste, presque criminelle au milieu des dangers qui nous entourent, l'Allemagne continue ses armements sur terre et sur mer, crée de nouvelles escadres en Orient et sur les côtes d'Afrique, et grossit encore les effectifs des corps d'armée stationnés sur la frontière à quelques jours de marche de Paris.

Croit-on que ces « faits » gênent le moins du monde M. Jaurès ? Non ; comme ils démolissent toute son argumentation et bouleversent ses conclusions, il les tient pour nuls, il les passe sous silence, et, avec l'inconscience du rhéteur, l'orateur socialiste internationaliste raisonne comme si les faits n'existaient pas (1).

De même, lorsqu'il veut tirer argument de certaines notes intimes de Gambetta, dont il prétend faire — pour le besoin de sa cause — un pacifiste et un anti-militariste.

Le leader de l'internationalisme a pu déclarer sérieusement dans une Chambre française que Gambetta, en 1876, songeait à demander à M. de Bismarck de résoudre pacifiquement la question de l'Alsace-Lorraine ! Nous ne ferons pas à la mémoire de Gambetta l'injure de discuter cette allégation. L'événement, du reste, a prouvé que si de telles illusions avaient pu pénétrer dans le cerveau de l'homme d'État républicain, elles furent

(1) M. Jaurès n'a, du reste, pas raisonné autrement pendant toute l'affaire Dreyfus. Il supprime tout ce qui le gêne et n'éprouve pas le moindre scrupule à tronquer les documents qui l'embarrassent.

vite dissipées. Gambetta, renseigné, renonça au projet qu'il avait formé d'une entrevue avec M. de Bismarck (1).

Mais M. Jaurès, qui se prétend homme de gouvernement et de politique positive et scientifique, n'en écrit pas moins imperturbablement, en s'appuyant sur le témoignage de Gambetta, qu'il travestit :

« Quand l'influence de la démocratie et du socialisme sera prépondérante en France et en Allemagne, les deux peuples sauront bien trouver des solutions complexes pour un problème complexe, qui ne peut plus, après trente-cinq années, être ou par la force brutale ou par des formules juridiques simples. Des arrangements multiples interviendront pour assurer aux citoyens d'Alsace-Lorraine, en réparation de la violence de conquête qu'ils ont subie, une cumulation de droits, pour leur permettre, sans d'inutiles remaniements territoriaux, que la juxtaposition d'éléments français et d'éléments germaniques sur le même sol rend de plus en plus malaisés, une libre et large participation à la vie intellectuelle et sociale des deux nations réconciliées. C'est alors que le désarmement général de l'Europe apparaîtra comme une possibilité prochaine. L'essentiel d'ici là c'est que les deux nations n'observent pas, à l'égard l'une de l'autre, une

(1) Une lettre d'un ami intime de Gambetta, M. Cases, adressée à M. Jaurès, affirme, en termes qui ne prêtent à aucune équivoque, que Gambetta écarta, sans hésiter, le projet de visite imaginé par Bismarck uniquement pour perdre le patriote français, dès qu'on lui fit observer qu'une telle entrevue découragerait d'espérer en la France et en son armée.

attitude de défiance systématique ou d'hostilité; c'est qu'elles soient toujours prêtes à une sage coopération dans l'intérêt de la paix et de la civilisation. »

M. Jaurès n'a pas le droit de tromper ainsi ceux qui croient en sa parole. Il nie l'évidence. Pas une parole autorisée, prononcée en Allemagne, qui ne soit en contradiction absolue avec ce langage. Les Allemands, Guillaume II et ses ministres, députés des nuances les plus diverses, des catholiques aux socialistes, n'ont jamais perdu l'occasion d'affirmer qu'ils ne laisseraient jamais remettre en question le traité de Francfort, qu'ils ne consentiraient à examiner aucune proposition tendant à le modifier et qu'ils défendraient par la force l'œuvre accomplie par la force.

Gambetta savait bien, lui qu'on ne « traite jamais de ces choses-là sans manifester derrière soi le sillage de la force, sans avoir une armée redoutable, qui donne du caractère et de l'accent aux paroles pacifiques et qui fait estimer à sa valeur le prix d'une amnistie ».

Au cours de la dernière crise provoquée par les affaires du Maroc, un journal français posa la question suivante aux principaux, artistes, poètes, littérateurs, professeurs d'Europe, aux intellectuels, comme on dit aujourd'hui, même les plus réputés pour leurs sympathies à l'égard de la France : « Existe-t-il pour l'Allemagne une question d'Alsace-Lorraine ? »

Leurs réponses furent telles qu'un radical, peu suspect de chauvinisme, M. Sigismond Lacroix, dut les commenter ainsi qu'il suit :

Je ne parle pas du fond : on savait d'avance à quoi

s'en tenir. Mais, vraiment, ces poètes, ces artistes, ces littérateurs, etc., apportent dans leurs affirmations, ou plutôt dans leurs négations de tout droit autre que celui de la force, une telle dureté, une telle arrogance, — je n'exagère pas, au contraire, — qu'on en reste comme confondu. Ils considèrent comme une preuve de grande modération de leur part, du grand amour qu'ils professent pour la paix, le fait par eux de se contenter de ce qu'ils ont pris et de ne pas réclamer, à l'Ouest la Bourgogne, à l'Est les provinces baltiques.

Ce n'est pas qu'ils abandonnent toute prétention historique ou autre sur des territoires qui ont eu, à une époque quelconque, un lien quelconque avec la Germanie : non. Mais, satisfaits de la grandeur présente de leur pays, ils souhaitent vivre en bonne harmonie avec tous les peuples, notamment avec la France, à la condition que tous les peuples, y compris la France, se déclarent également satisfaits.

Oh! pour la France, ils sont pleins de sympathie, d'admiration, on dirait presque de tendresse. Contre la barbarie russe et la brutalité anglaise, l'alliance de l'Allemagne et de la France — les deux pays se complétant admirablement — leur paraît la ressource suprême de la civilisation et de la liberté. Mais ne leur parlez pas de l'Alsace-Lorraine! Car voici ce qu'ils ont à en dire :

« Il ne faudrait pas s'imaginer qu'un gouvernement allemand consentirait jamais à céder par voie pacifique, de quelque manière que ce soit, deux provinces acquises au prix de si lourds sacrifices... Même au cas d'une révolution sociale, je n'imagine guère qu'un gouvernement issu du peuple se décidât à une semblable niaiserie. » C'est un poète qui écrit cela.

D'un autre poète : « Il n'a existé et il n'existe qu'une solution de la question d'Alsace-Lorraine : la terre allemande à l'empire allemand! Voilà pourquoi, pour nous, cette question n'est plus aujourd'hui. »

Metz, terre allemande! Mais ne discutons pas. Continuons de nous instruire.

Un littérateur, plus sensible, écrit : « Nous ne voyons

qu'une solution au problème d'Alsace-Lorraine, elle
consisterait en ceci : que la France, dans une grandiose,
dans une magnanime résolution, reconnaisse les faits
accomplis. »

Un professeur se borne à déclarer qu'il ne regarde pas
la question comme « légitimement fondée ».

Un autre développe en ces termes : « Il faudrait, en
vérité, faire abstraction totale de la question d'Alsace-
Lorraine, car cette question n'existe pas pour l'Allemagne, et nous ne pouvons, en conséquence, admettre
qu'elle existe pour la France. »

On n'est pas plus aimable : du moment que les Allemands pensent avoir raison, tout est dit; les autres
n'ont même pas à discuter; ils n'ont qu'à s'incliner.

Le chef du parti libéral conservateur au Reichstag, le docteur Arendt, déclare à un journaliste
français, M. Jules Huret, qui l'interroge au sujet
des dispositions de l'Allemagne en ce qui concerne
l'Alsace-Lorraine :

— Il faut que la France se résigne une bonne fois
à avoir perdu ses provinces du Rhin. L'Allemagne
ne les lui rendra pas, car elle ne le veut ni ne le
peut, et il n'y a aucune raison à cela.

— Mais, objecte M. Jules Huret, dont l'esprit
« pacifiste » s'émeut, vous ne feriez donc aucun
sacrifice à la grande cause de la paix ?

Le docteur n'admet pas contradiction sur ce point.

— J'ajoute, répond-il, que même si l'Allemagne
était un jour vaincue et que l'Alsace-Lorraine lui
fût reprise, le peuple allemand ne cesserait de
revendiquer Strasbourg et Metz comme un devoir
patriotique et sacré, durant des siècles et des siècles dans une guerre à mort.

Au dernier congrès de la paix à Lucerne, M. Frédéric Passy, aux illusions tenaces, posa — combien

timidement ! — cette question de l'Alsace et de la Lorraine et rappela que les populations des deux provinces furent annexées par la force sans avoir été consultées ; l'assemblée, pour donner au vieillard une satisfaction purement platonique, reconnut, sans se préoccuper du passé, fait accompli (et uniquement en vue de l'avenir) « comme un des éléments essentiels du droit, le principe qu'il est défendu de disposer politiquement de territoires sans le libre consentement des populations ».

Il n'en fallut pas davantage pour soulever des tempêtes à Berlin et faire répudier et accuser de trahison les Allemands obscurs, présents au congrès, coupables de s'être associés à cette motion pourtant bien inoffensive (1).

(1) Voici le texte de la résolution votée :
« Le XIVᵉ Congrès universel de la paix, considérant que tout antagonisme permanent ou accidentel entre la France et l'Allemagne est éminemment préjudiciable tant à la cause de la paix et du progrès qu'aux intérêts matériels et moraux non seulement de ces deux puissances elles-mêmes, mais aussi de l'ensemble du monde civilisé ; qu'il est par conséquent d'un intérêt universel d'en faire cesser ou d'en éviter les causes ;

« Exprime ses sympathies les plus chaudes pour tous les efforts qui ont pour but le rapprochement franco-allemand et une entente cordiale des deux nations ;

« Demande la reconnaissance générale d'un système de droit international basé sur les principes de justice et de liberté et assurant le règlement juridique de tous les différents internationaux ;

« Reconnait comme un des éléments essentiels de ce système le principe qu'il est défendu de disposer politiquement de territoires sans le libre consentement de leurs populations ;

« Exprime la conviction que, lorsque ce système sera solidement établi, les questions de nationalités maintenant si brûlantes perdront beaucoup de leur acuité et qu'alors, il sera possible d'appliquer les principes du droit,

Le socialiste Bernstein ne se montrait pas moins net que les bourgeois des partis les plus divers :

« Songer, écrit-il, à une rétrocession totale ou partielle moyennant une annexion coloniale, ainsi que le projet en a été formulé de divers côtés, ne

ainsi reconnus aux résultats des anciennes conquêtes.

« Et émet le vœu que les Gouvernements français et allemand entrent en négociations et s'efforcent par des concessions réciproques et au besoin des compensations équitables, à établir entre les deux pays un régime de paix et de droit conforme tant à leur intérêt qu'à celui du monde civilisé ;

« Le xiv⁰ Congrès universel de la paix, considère que le meilleur moyen d'arriver à la création du système de droit international consiste à propager, surtout dans les pays où ils sont moins généralement acceptés — les principes suivants qui ont été unanimement proclamés par les Congrès universels de la paix, de Rome, de Budapest et de Hambourg ;

« Art 1er. Les rapports entre les nations sont régis par les mêmes principes de droit et de morale que ceux qui règlent les rapports entre les individus.

« Art. 2. Nul n'ayant le droit de se faire justice, aucune nation ne peut déclarer la guerre à une autre.

« Art. 3. Tout différent entre les nations doit être réglé par voie juridique.

« Art. 4. L'autonomie de toute nation est inviolable.

« Art. 5. Il n'existe pas de droit de conquête.

« Art. 6. Les nations ont le droit de légitime défense.

« Art. 7. Les nations ont le droit inaliénable et imprescriptible de disposer librement d'elles-mêmes.

« Art. 8. Les nations sont solidaires les unes des autres.

« Le Congrès, en conséquence fait appel à tous les esprits éclairés qu'ils appartiennent au monde du droit, des lettres, des sciences et des arts, ou au monde de l'agriculture, du commerce et de l'industrie pour qu'ils consacrent, dès à présent, tous leurs efforts à propager des principes de droit et de morale, de nature à favoriser l'organisation de la paix générale, la solution juridique de tout litige international et la création d'une fédération internationale. »

me semble pas réalisable, vu la façon de penser des autorités allemandes. Moi-même, d'ailleurs, mais pour des raisons opposées, je ne saurais me déclarer partisan d'un tel échange.

Au congrès d'Iéna, en 1905, l'unanimité des assistants, à l'exception de quelques anarchistes sans autorité, affirma qu'elle consentirait tous les sacrifices militaires nécessaires à la défense et à la conservation « intégrale » de l'Empire allemand, tel qu'il fut constitué en 1871. Bien plus, ce même congrès refusa de blâmer la politique brutale et provocatrice de Guillaume II et de M. de Bülow, son chancelier, à l'égard de la France ; il ne voulut en aucune façon, s'associer à une manifestation anti-patriotique ou anti-militariste.

Au Reichstag, Bebel lui-même insista pour que les grandes manœuvres fussent plus fréquentes.

M. Jaurès, lorsqu'il prétend obtenir de la bonne volonté allemande, un arrangement, une transaction conforme au droit, ne tient donc aucun compte de la réalité.

« Gambetta ne serait pas allé secrètement à Berlin, laissant derrière lui une armée française commandée par des niais, livrée au suicide moral, aux trois quarts détruite par elle-même, ravagée dans sa confiance et dans sa cohésion, par les poisons qu'on lui inocule, et sacrifiée, comme le reste, aux besoins exclusifs d'une inqualifiable bande, qui a pour alternative de tout détruire pour se maintenir, ou de s'en aller, sous la clameur de haro de toute une nation dupée, volée, trahie comme elle ne l'a jamais été !

« Gambetta ne serait pas allé secrètement à Berlin

en laissant derrière lui un rapport comme celui du général Négrier, sur l'état de la frontière de l'Est, ouverte et non couverte.

« Gambetta n'aurait pas pris le train de nuit pour des rendez-vous au delà du Rhin, en laissant derrière lui, en pleine lumière d'apothéose, les professeurs d'insubordination, de désertion, de crosse en l'air, les apologistes de Dreyfus et les souilleurs de drapeaux dont M. Jaurès fait son cortège.

« On n'est pas en état de causer de la restitution de provinces avec de telles faiblesses, pour ne pas dire de telles turpitudes. On est tout juste en état d'en perdre de nouvelles (1). »

La réponse au discours de M. Jaurès ne se fit du reste pas attendre. L'officieuse *Gazette de l'Allemagne du Nord* la formula dans ce communiqué de la Chancellerie qui émane du cabinet de l'Empereur :

« *M. Jaurès croit à la possibilité, pour la République, de reprendre l'Alsace-Lorraine sans avoir recours aux armes. C'est là une opinion décevante, que ceux qui vivent de l'autre côté des Vosges devraient abandonner une fois pour toutes. Pour nous, Allemands, il n'y a aucune question d'Alsace-Lorraine depuis le 10 mai 1871, et il n'y en aura jamais.* »

On ne saurait opposer un plus formel, un plus brutal : *Jamais!* Les propositions de M. Jaurès ne soulèvent pas le seul dédain du gouvernement impérial de Berlin qui se plaît cependant à voir

(1) Georges Thiébaud, *Éclair* du 15 novembre 1904.

nos révolutionnaires bourgeois solliciter la paix à genoux ; les socialistes ne leur font pas meilleur accueil.

Bebel et ses disciples protestent bruyamment au Reichstag lorsque le ministre de la Guerre les accuse d'être des ennemis systématiques de l'institution militaire.

Faut-il rappeler la séance du Reichstag du 7 mars 1904 et la déclaration vibrante qu'y fit Bebel ?

« Si jamais, s'écriait-il, on attaquait l'Allemagne, si l'existence de l'Allemagne était en jeu, alors, je vous en donne ma parole, tous, du plus jeune au plus vieux, nous serions prêts à mettre le fusil sur l'épaule et à marcher à l'ennemi. Et, ce que j'en dis, ce n'est pas pour vous (*se tournant vers la droite*), mais pour nous : car cette terre est aussi notre patrie. Elle est la patrie pour nous plus encore que pour vous. Nous défendrons la patrie jusqu'à notre dernier souffle, je vous en donne ma parole. »

Si d'Allemagne nous passons en Italie et de Berlin à Rome, nous voyons, dans une occasion pareille, discussion du budget de la guerre, un socialiste, M. Bissolati, affirmer qu'en cas de guerre et d'invasion, les socialistes italiens seraient prêts à verser leur sang pour le salut de la patrie. Un autre membre des partis extrêmes, un républicain, M. del Balzo Carlo, dit : « Je déclare que les dépenses pour la défense nationale représentent pour le pays une assurance. Partant, il est impossible de les qualifier de dépenses improductives et de les considérer comme telles. »

Cette année même, tous les socialistes, siégeant

au Parlement allemand, ont voté les crédits demandés par le gouvernement pour couvrir les frais de l'expédition contre les Herreros. L'orateur, parlant en leur nom, a déclaré que ses amis et lui n'hésiteraient pas à accorder les sommes nécessaires à la défense du sol germanique. Sol germanique, ce pays africain des Herreros, brutalement conquis et plus brutalement opprimé encore! Les socialistes considèrent évidemment que ce que l'Empire a pris est bon à garder.

Pas un des leurs ne laissera, même dans les Congrès du parti, discuter la question d'Alsace-Lorraine, pas plus que la question polonaise. Les socialistes de Posen l'ont appris à leurs dépens, lorsque leurs frères de classe de Berlin refusèrent, non seulement d'appuyer leurs revendications, mais de les garder plus longtemps parmi eux, tant qu'ils ne se déclareraient pas Allemands.

En Autriche, les socialistes sont les fidèles auxiliaires du pangermanisme.

Au dernier Congrès d'Amsterdam, lorsque M. Jaurès eut prononcé son grand discours dans lequel il plaida — timidement — la cause de la Révolution française et de la République, Bebel lui-même répondit que son parti n'entendait pas recevoir de leçon de la France, que la Révolution serait désormais allemande, et que nous devions notre République du 4 septembre 1870 à Bismarck.

M. Jaurès, qui se prétend l'un des héritiers de nos grands révolutionnaires d'autrefois, de Danton, de Saint-Just, de Robespierre et même de Gambetta, resta coi et ne releva pas l'outrage.

Belle occasion cependant d'évoquer les traditions de la grande époque où les ancêtres parlaient moins et agissaient plus, et de répondre à ces Allemands qu'ils doivent à cette France de 1789 et de 1793 leur émancipation et les lois destructives de la féodalité.

Pourquoi n'a-t-il pas rappelé Babœuf, Saint-Simon, Fourrier, Proudhon? N'oserait-on plus les opposer à la divinité tudesque, à Karl Marx?

« Pour nous, a écrit très justement Mme Adam (1), tout partisan de Karl Marx, c'est-à-dire tout collectiviste international, est un ennemi, car il est, de par sa doctrine, germanisé. Il n'est pas internationaliste, il est Judéo-allemand. Le juif allemand Karl Marx, capitaliste, boursier enrichi, qui n'a jamais donné un sou à l'œuvre créée par lui, qui ne lui a rien légué, n'a écrit le *Capital* que pour combattre le socialisme français, né de Fourrier, et dont le développement national menaçait de se répandre de par le monde comme les principes de la Révolution française et en laissant les Français Français.

« Karl Marx fut, pour les gogos socialistes français, Jules Guesde et autres, le vrai prophète socialiste, comme Bismarck fut, à un moment donné, pour nous, gogos libéraux, le vrai prophète libéral. L'Allemand est l'Allemand, sans cesse Allemand, germanisant, ne voyant dans toute doctrine qu'une plus grande Allemagne, toujours plus grande, plus dominatrice, pénétrant dans tous les champs d'idées comme tous les champs de négoce, n'y

_____

(1) *La Parole française.*

cherchant que son bénéfice au prix de la ruine des autres ! Pour être collectiviste, il faut être germanisant. »

Karl Marx, dans *le Capital,* affecte de tenir pour négligeable la Révolution française. On peut dire, sans aucune exagération et en s'appuyant sur l'histoire et sur les faits, que « le socialisme international germain, international pour le monde entier et national pour la Germanie, est désagrégateur de tout ce qui n'est pas l'Allemagne et désagrégeant à son seul profit ».

Guillaume II proclame dans une des harangues sensationnelles qu'il se plaît à prononcer :

— L'Allemagne étouffe et a besoin d'expansion.

La démocratie allemande approuve et commente ces paroles :

« Les diverses parties de l'Allemagne, dit un de ses organes, ont atteint leur maximum de densité, et le chiffre de la population augmente sans cesse, malgré les millions d'Allemands qui émigrent de tous côtés. Où trouver un débouché à ce trop-plein de la population? C'est un problème qui se résoudra fatalement par l'émigration forcée ou par une expansion nécessaire (1). »

M. Pierre Baudin, ancien ministre des Travaux publics du cabinet Waldeck-Rousseau, a très exactement noté cet état d'esprit général en Allemagne.

« Celle-ci, dit-il, a, aujourd'hui, l'ambition de nourrir ses enfants comme elle avait celle de faire son unité. Elle ne le peut qu'à force de travail et

(1) *Le Tagblatt.*

de luttes. Elle n'est pas libre de s'arrêter dans son essor, de se fixer dans les limites où elle a porté son activité. Elle compte, aujourd'hui, soixante millions d'individus. Et, pour elle, plus que pour tout autre, il est vrai de dire que son arrêt serait sa mort. Elle ne peut vivre qu'à la condition de grandir. Il y a, dans cette situation, l'explication de plus d'un geste et de plus d'un acte, mais aussi de plus d'une menace. »

Pour les observateurs, tous ceux qui ne se grisent pas de mots et de « ruées » discernent le péril de demain.

« On prétend amener un rapprochement entre la France et l'Allemagne, reconnaît M. Paul Brousse (1), est-ce une chose possible? Depuis que l'esprit prussien s'est emparé de l'Allemagne, c'est insensé de songer à de pareilles choses. Peu importent les classes, les religions, les opinions en pareille matière. Je me suis trouvé souvent avec des Allemands; ces gens-là ont d'autres conceptions que les nôtres, et ceux qui représentent, de l'autre côté du Rhin, mes idées politiques sont logés à la même enseigne. Un commerçant allemand est avant tout un pangermaniste; un militaire allemand est avant tout un pangermaniste; un socialiste allemand est avant tout un pangermaniste. Le moment est donc bien choisi pour prêcher le désarmement, lorsque, le long de notre frontière, vivent des millions d'hommes qui ne rêvent que d'agrandir leur pays, et par là même leur puissance ! »

(1) Déclarations de M. Paul Brousse, président socialiste du Conseil municipal de Paris, publiées par *l'Écho de Paris* du 9 septembre 1905.

A une époque où les affirmations sentimentales, même les plus nobles et les plus hautes, ne suffisent pas à tous les esprits, et où les pires sophismes égarent beaucoup de citoyens qui, de bonne foi, s'imaginent que « les peuples sont pour nous des frères » et que la France n'a qu'à jeter bas les armes et à tendre les mains aux nations devenues nos amies, nous avons à faire connaître la réalité, à montrer quelle concurrence met aux prises les gouvernements et les races, et quelles luttes se préparent. Nous avons à leur apprendre par des faits, par des documents que, loin de songer à désarmer, les nations européennes augmentent leurs forces en prévision de ces conflits d'intérêt, de ces luttes pour la vie.

Quelle différence entre le langage des démocrates allemands qui veulent l'Allemagne toujours plus grande et toujours plus forte, et le langage de M. Jaurès qui veut la France toujours plus humble et plus désarmée, et dont certain discours, relatif à la « pénétration pacifique du Maroc », nous fit la risée du monde !

« Il faut être, comme l'est M. Jaurès, absolument dénué de sens démocratique, et n'apercevoir le monde qu'au travers des logomachies, pour croire un seul moment que la loi des démocraties est la paix, la paix philosophique des penseurs et des nobles enfileurs d'utopies.

« C'est tout le contraire.

« Qui dit démocratie dit millions d'hommes qui veulent vivre et qui, pour vivre, sont déterminés à toutes les luttes, à commencer et à finir par celle qui a pour enjeu la terre nourricière. Toute race qui multiplie a besoin de la guerre pour vivre. Il faut qu'elle s'échappe de son aire d'adaptation pour manger et pour donner à manger à ses petits. C'est à grand'peine que les aristocraties gouvernantes contiennent ces poussées éruptives et ces velléités d'essors périodiques. Voir Allemagne, voir États-Unis, voir Japon, etc.

« Au contraire, toute race qui s'étiole et qui dépérit achève de perdre dans les longues paix les énergies indispensables à sa subsistance, et c'est avancer l'heure fatale de sa déchéance et de son déclin que de multiplier dans son sein les conseillers d'inerties et les éducateurs de lâcheté. Voir France...

« Le jour où la démocratie allemande serait maîtresse du pouvoir, avec l'armée dont elle dispose, nous perdrions jusqu'à la Loire, sans pouvoir nous défendre » avec l'armée que veulent nous faire les **révolutionnaires** à la façon de M. Jaurès (1).

C'est, du reste, Bebel qui se fait un devoir de repousser toutes les avances de celui-ci comme négligeables et même d'opposer à notre République à laquelle il ne ménage ni les critiques ni les railleries, l'Allemagne, qui, dit-il, est le pays « le mieux gouverné d'Europe ».

Sur aucune des questions actuelles, les Allemands démocrates ne sont d'accord avec nos socialistes, et particulièrement sur les questions d'ordre religieux et d'enseignement. Les Allemands n'admettent même pas l'enseignement laïque, lequel est chez nous celui de l'État.

(1) Georges Thiébaud : *L'Éclair* du 15 novembre 1904.

Notons un incident qui s'est produit récemment en Alsace-Lorraine, ainsi relaté dans une correspondance de Metz :

« Voici les faits : le maire de la commune d'Ars-sur-Moselle avait infligé une amende de 5 marks à l'ouvrier Nicolas Weiss, dont l'enfant avait manqué dix-sept fois de suite au catéchisme préparatoire à la première communion. Weiss ayant demandé une décision judiciaire, le tribunal des échevins d'Ars, malgré le ministère public, prononça son acquittement, étant d'avis que l'instruction religieuse ne faisait pas partie de l'instruction primaire proprement dite.

« Sur appel interjeté par le gouvernement, le tribunal correctionnel de Metz a maintenu l'amende et condamné Weiss aux dépens. »

L'instruction religieuse est donc non seulement tolérée, mais obligatoire dans les écoles publiques allemandes. Pas un socialiste n'en demande la laïcisation.

En Suisse et en Amérique, la démocratie conserve à toutes les fêtes et grandes cérémonies publiques un caractère religieux, et aucun socialiste ne proteste. Aux grandes manœuvres de 1905, près de Berne, l'armée entière célébra le « culte divin » en plein air, en présence d'une foule immense. Personne chez nos voisins ne songea à accuser de cléricalisme M. le commandant en chef, ni le secrétaire d'État chargé de la direction des affaires militaires.

L'idée de neutralité religieuse est une idée française, issue de la philosophie du xviiie siècle.

Qu'importe à M. Jaurès qui ne s'embarrasse pas

pour si peu et qui prétend amalgamer France et Allemagne, à l'aide de ses périodes sonores et de ses phrases creuses!

A l'école allemande, l'enseignement patriotique, banni de chez nous par les socialistes, est donné avec une méthode rigoureuse et même avec une véritable passion.

L'an dernier, on pouvait voir à Berlin les instituteurs, pendant les vacances, promener de monument en monument, de musée en musée leurs élèves et leur inculquer, en même temps que l'amour de la patrie, le culte de ceux qui l'ont servie et particulièrement des chefs militaires, des Blücher, des Gneisnenau, des de Moltke, des de Roon, des Frédéric-Charles, etc.

Sous les yeux des enfants et des adolescents, leurs maîtres ont souci de placer les plans en relief des grandes batailles de 1870-71, de leur en expliquer les principaux mouvements et épisodes et de leur apprendre à honorer les exploits des chefs et des soldats.

Chez nous, les instituteurs patriotes, et c'est encore l'immense majorité, osent à peine rappeler nos grandes épopées nationales dans leurs leçons; en revanche, on apprend, à l'école telle que la comprennent et telle que la veulent la plupart de nos soi-disant socialistes « unifiés », que les héros de notre histoire nationale sont des malfaiteurs, que Jeanne d'Arc était folle et que le drapeau est mieux à sa place dans le fumier qu'au fronton de nos monuments. Ne s'est-il même pas trouvé des instituteurs pour faire chanter dans une fête de patronage scolaire à Paris, non la *Marseillaise*, mais la *Wacht am Rhein?*

L'antipatriotisme d'une partie des collectivistes français s'aggrave encore du patriotisme des collectivistes étrangers. Ce contraste n'est-il pas assez douloureux pour qu'il nous soit inutile d'insister sur la contradiction des deux langages, alors que certains de nos socialistes comparent les soldats morts en combattant pour la patrie aux « escarpes tombés dans l'exercice de leur profession » ?

L'internationalisme, ainsi compris, renie toutes les traditions de notre Révolution et fait exclusivement œuvre de germanisation.

VI

Une politique d'intervention.

Par une singulière inconséquence, les internationalistes de l'école de M. Jaurès, qui se proclament
aussi des pacifistes à outrance, ne perdent pas une
occasion de se poser en champions de la politique
d'intervention. Ce sont eux, du reste, qui, contrai-
rement à la parole de Gambetta au sujet de l'Alsace-
Lorraine : « Pensons-y toujours, n'en parlons jamais ! » ont réveillé en France et en Allemagne les
polémiques acerbes relatives à cette question.

Ce sont eux qui en soulèvent bien d'autres.

On a vu se reconstituer en France, à la suite de
leur action, des groupements formés en vue de
servir les intérêts et les revendications des nations
opprimées, des Arméniens, des Tchèques, des
Polonais, des Italiens d'Autriche, des Irlandais.

M. Jaurès, M. de Pressensé et un certain nombre
de socialistes internationalistes ont organisé de
vastes meetings de protestation contre « le sultan
rouge », le « boucher de l'Arménie », « le massa-
creur » — on n'a pas ménagé les épithètes. On a

demandé plusieurs fois, dans des ordres du jour indignés, l'intervention de la France.

Or, les organisateurs de ces manifestations s'imaginaient-ils que leurs discours et leurs réunions suffiraient à venger les malheureux Arméniens et à leur assurer protection contre leurs tyrans sanguinaires ? croyaient-ils que, cédant à l'éloquence de M. Jaurès et aux menaces de M. de Pressensé, le sultan s'inclinerait devant leur ultimatum ?

Demander à la France d'intervenir c'est l'engager dans une action diplomatique qui ne peut aboutir qu'à une reculade ou à un conflit. Qui s'arroge le droit d'intervenir a pour devoir d'être prêt à appuyer, autrement que par des paroles, son intervention pour qu'elle soit efficace, particulièrement lorsqu'elle s'adresse à une puissance qui ne s'incline jamais que devant la force.

La politique de MM. Jaurès et de Pressensé conduisait donc, si le ministre des Affaires étrangères l'avait acceptée et suivie, à la guerre générale, car elle eût ravivé toutes les querelles des affaires d'Orient, prudemment endormies, apaisées et ajournées par une diplomatie d'allures moins pacifistes peut-être, mais aussi moins aventureuses.

Lorsque les mêmes hommes — et nous ne leur en faisons pas un crime — défendent la cause des Finlandais contre les Russes, celle des Polonais, celle des Italiens d'Autriche, personne ne les considère comme assez naïfs pour croire que les « oppresseurs » céderont à la persuasion.

Il y a, d'ailleurs, parmi les révolutionnaires autorisés, un citoyen qui ne se paye pas de mots, M. Cypriani, et celui-ci, en homme d'action ayant fait ses preuves et risqué sa vie pour la révolution et pour l'indépendance des peuples, ne dissimule pas qu'il faut préparer, organiser la guerre contre les tyrans. Rendons-lui cet hommage qu'il donne l'exemple : M. Cypriani, ancien compagnon de Garibaldi et de Gustave Flourens, a été grièvement blessé pendant la dernière guerre turco-grecque, dans les rangs des volontaires de l'armée hellénique.

Nos révolutionnaires ne sont-ils pas des « interventionnistes » lorsqu'ils approuvent les violences, les attentats commis contre les gouvernements étrangers, même et surtout contre un gouvernement allié comme le gouvernement russe? L'assassinat de M. de Plœve, ministre de l'Intérieur du tsar, a été présenté par eux comme une exécution méritée et ils ont fait l'apologie de cet « acte de justice ».

On a vu des députés français se rendre en Espagne, à Barcelone, pour y prendre part à un meeting révolutionnaire et séparatiste, à la suite duquel ils furent expulsés.

Or, si le gouvernement français faisait mine de les encourager, de les inspirer, s'il manifestait de façon quelconque la moindre complicité, si même il ne désavouait pas diplomatiqnement toutes ces interventions de politiciens qui se disent pacifistes, les plus graves conflits auraient éclaté déjà.

La Russie, en effet, pas plus que l'Allemagne, ne semble disposée à ressusciter la Pologne. Jamais, au contraire, à Berlin, le pouvoir central ne s'est montré plus durement intransigeant à l'égard des revendications du grand-duché de Posen ; il traque impitoyablement tout ce qui lui paraît suspect ou capable d'entretenir le sentiment national ; il fait une guerre sans merci aux instituteurs coupables de rappeler la patrie d'autrefois et il défend aux enfants de parler la langue de leurs pères.

Les révolutionnaires français, internationalistes, ne pourraient donc appliquer leur programme de politique extérieure qu'à la condition d'être assez forts pour entrer en campagne contre ces gouvernements qu'ils veulent supprimer et qui ne sont nullement disposés à abdiquer.

Mais ces outranciers du pacifisme ne se contentent pas de se livrer à des manifestations d'un caractère purement platonique — dangereuses quand même pour la paix —; ils ont essayé, à deux reprises au moins, tout récemment, d'engager la France : une première fois, à la suite des incidents provoqués par la flotte volontaire russe ; une seconde, lorsqu'ils prétendaient imposer aux belligérants, en Extrême-Orient, la médiation.

Quand les vaisseaux russes, venus de la mer Noire par le Bosphore, se furent emparés de bâtiments anglais qui faisaient la contrebande de guerre, le journal de M. Jaurès proposa une action immédiate contre le gouvernement du tsar qui violait, disait-il, le droit des gens ; il demanda que notre escadre prît part contre nos alliés à une opération de police, laquelle ne pouvait être, M. Jaurès le sait bien, qu'une opération de guerre.

Cette proposition souleva, fort heureusement, en France, une réprobation presque unanime.

N'empêche qu'au lendemain des défaites de l'armée russe à Liao-Yang et sur le Cha-Ho, les mêmes révolutionnaires internationalistes, bien que la Russie et le Japon eussent formellement déclaré qu'ils n'admettraient l'intervention de personne dans leurs affaires, mettaient en demeure le gouvernement français de proposer sa médiation.

M. Jaurès allait jusqu'à déclarer — il n'a pas tenu sa promesse — qu'il prendrait personnellement cette initiative d'intervention à la tribune du Palais-Bourbon, et l'organe du parti, disait sans ambages :

« La nation médiatrice aurait une réponse toute naturelle à faire au tsar qui lui demanderait de quoi elle se mêle et de quel droit :

« — Du droit et du devoir qu'a tout homme d'empêcher qu'on assassine son semblable. »

Lorsqu'on tient un pareil langage, il faut se tenir prêt à mobiliser.

L'Allemagne s'est empressée de dénoncer cette attitude et de faire observer que les propositions les plus hostiles à la Russie venaient de France.

Combien il serait facile de démontrer à ce sujet que l'abus du pacifisme a pour conséquence logique, la guerre !

A la suite des sanglantes journées de Saint-Pétersbourg, de Moscou, de Varsovie, en janvier 1905, certains conseils municipaux et tous les groupes internationalistes français n'hésitèrent pas non seulement « à vouer à l'indignation des nations civilisées » les actes de répression, les excès commis par le gouvernement du tsar, mais se déclarèrent prêts à venir en aide contre celui-ci aux révolutionnaires russes (1).

(1) Le conseil municipal de Lyon, sur la proposition

M. de Pressensé, l'un des collaborateurs de M. Jaurès et non moins « pacifiste » que le leader du parti, écrit dans l'*Humanité* :

« Je voudrais, pour moi, voir les représentants du socialisme de l'Europe entière, au nom de l'Internationalisme et du patriotisme qu'ils unissent dans un même culte, se rassembler à cette heure sombre et signifier aux gouvernements et aux peuples la paix inviolable du prolétariat. »

Cette « déclaration de paix » n'est en réalité qu'une déclaration de guerre, puisqu'à moins de rester platonique, elle signifie : ultimatum à tous les rois, et puisqu'elle propose de faire intervenir la France contre eux, au nom de tous les peuples.

Il se trouvait, du reste, des révolutionnaires assez sincères pour la prendre au sérieux et pour témoigner aux monarques de passage en France des sentiments rien moins que respectueux, mais s'inspirant directement de l'*Internationale* (1).

Lorsque M. Jaurès conçut le projet de faire à

d'un groupe de socialistes, a voté l'adresse suivante à l'unanimité moins deux abstentions :

« Le conseil, ému par les douloureux événements qui ont eu pour théâtre la ville de Saint-Pétersbourg, et pour victimes les travailleurs russes, proteste avec toute l'énergie qui doit animer une démocratie contre ces procédés barbares et indignes d'un pays civilisé, adresse au peuple russe l'expression de sa plus vive sympathie, et fait des vœux pour le triomphe de ses revendications, voue à l'indignation des nations civilisées les excès commis contre le prolétariat russe. »

(1) Le roi des Belges, de passage à Châlons-sur-Marne, en juin 1905, fut l'objet d'une manifestation révolutionnaire dans la gare de cette ville, de la part de jeunes soldats qui revenaient de permission. Le Gouvernement dut ordonner une enquête et sévir.

Berlin une conférence sur la politique extérieure de la France et de l'Allemagne, le chancelier de Bülow, si disposé qu'il fût à traiter avec bienveillance un député français qui prend volontiers le parti de l'Allemagne contre la France, refusa d'autoriser ce meeting et fit signifier à l'orateur internationaliste, avec beaucoup de ménagements et de regrets, que sa présence ne serait pas tolérée sur le territoire de l'Empire. M. Jaurès, à la fois surpris un peu naïvement et irrité, en vint — et nous ne l'en blâmons pas — à tenir ce langage menaçant :

« Toute l'Europe est travaillée d'un mouvement profond. Sur ses deux ailes, à l'Est et à l'Ouest, la force du peuple grandit. En Russie, la révolution, diffuse encore, mais incessante, irréductible, irrépressible, décompose le plus formidable organisme d'autorité. En France, la démocratie républicaine évolue avec une rapidité, une sûreté que nul, il y a six ou sept ans, n'aurait osé prévoir. Il suffirait au socialisme allemand, pour exercer une action décisive, de disposer d'un mécanisme politique plus maniable, plus moderne. Mais sera-t-il possible de maintenir longtemps encore, alors qu'en Europe tout se renouvelle, la domination politique des hobereaux maîtres de la Prusse? »

Fort bien; mais lorsque la Convention nationale parlait aux rois et aux hobereaux sur ce même ton, elle levait 14 armées et lançait aux frontières toute la jeunesse française.

Aujourd'hui nos révolutionnaires poussent la logique, l'amour de la paix jusqu'à répondre :

— Nous professons l'horreur de la guerre à ce

point que, pour la supprimer, nous n'hésiterions pas à la déchaîner partout.

Ils raisonnent un peu à la façon de Marat qui voulait faire le bonheur de l'humanité en poussant à la guillotine tous ceux qui ne partageaient pas sa manière de voir.

Dieu nous garde de ces humanitaires qui aiment et servent l'humanité d'un amour féroce !

Et ce sont les mêmes, dont la moindre proposition, si elle était prise au sérieux, bouleverserait l'Europe, qui nous vantent chaque matin, dans leurs journaux, les bienfaits de l'arbitrage.

Il est malheureusement démontré par les faits que l'arbitrage entre nations s'applique aux seuls litiges d'intérêt secondaire et non à ceux d'intérêt vital.

N'est-ce pas exagérer, singulièrement et même un peu ridiculement, leur importance que de présenter dans les journaux, sous des titres sensationnels, comme de grandes victoires du pacifisme, les traités d'arbitrage fort secondaires conclus entre l'Allemagne et la Suisse, pays neutre, et mieux encore entre la même Suisse enclavée au milieu de l'Europe et les États-Unis, qui ne pourraient jamais guerroyer l'un contre l'autre qu'en ballon ?

Remarquons enfin que la campagne de bluff pour l'arbitrage qui en exagère à outrance l'efficacité ne se mène qu'en France, rendez-vous de tous les pacifistes d'Europe qui viennent s'y livrer à leurs manifestations et nous engager à désarmer, comme s'il n'y aurait pas lieu d'adresser, tout d'abord, leurs remontrances et leurs lamentations à la puissance la plus militarisée, c'est-à-dire à l'Allemagne.

Défions-nous des hommes politiques plus ou moins cosmopolites, sans mandat ni responsabilité, qui voudraient étendre l'arbitrage et lui soumettre la solution de toutes les questions qui divisent les nations.

Celles-ci, actuellement, se disputent âprement les grandes lignes commerciales, les débouchés, les marchés non seulement de l'Europe, mais du monde ; jamais leur concurrence ne fut plus effrénée, et, sous des formes différentes de celle d'autrefois, plus intraitable.

Croit-on que l'Angleterre consentirait jamais à diminuer le nombre des escadres qui lui assurent l'empire des mers, c'est-à-dire la vie même ?

Croit-on que la Russie, avant sa défaite, eût consenti à soumettre à un arbitrage l'abandon de la Mandchourie et de la tête de ligne du Transsibérien en Extrême-Orient ?

Croit-on que l'Allemagne, pour assurer la paix, accepterait la réunion d'un Congrès en vue d'apporter au traité de Francfort une modification quelconque ? Croit-on qu'elle renoncerait aux ambitions coloniales, à l'expansion qui permettra à son industrie de se développer, au trop-plein de sa population de travailler et de vivre ?

Un Congrès européen, aujourd'hui plus encore qu'à l'époque où Napoléon III rêvait de l'assembler, ne réussirait pas à concilier des intérêts inconciliables : ou bien il prétendrait résoudre certaines questions causes de conflits, et il précipiterait ces conflits, ou bien, comme le Congrès de La Haye, il se terminerait par l'adoption d'une série de décisions anodines qui déguisent mal la faillite du « pacifisme ».

On l'a si bien compris que lorsqu'à la suite de sa triomphale réélection le président Roosevelt a pris l'initiative d'une deuxième conférence de La Haye, la plupart des puissances ont prudemment exprimé leurs réserves au sujet du programme de cette conférence ; en d'autres termes, elles ont signifié, Angleterre, Allemagne et Russie, qu'elles entendaient ne soumettre à l'examen ni à la juridiction de personne, ni certaines questions, ni certains différends au sujet desquels leurs gouvernements ont déjà pris ou préparé des solutions conformes à l'intérêt particulier de chacun de ces peuples.

Aucun de ceux qui, volontiers, recommandent à la France l'esprit d'abnégation et de sacrifice ne le pratique lorsqu'il s'agit de ses propres affaires. On nous engage volontiers à nous effacer par amour de la paix, il est évident que les puissances ambitieuses et avides, jalouses de leurs droits seraient trop heureuses d'amener la France à se réduire elle-même à l'état de quantité négligeable, et de faire tomber ainsi un obstacle — longtemps redouté — à la réalisation de leurs projets.

Défions-nous donc de ces étranges internationalistes, qui, tout en émettant la prétention de se mêler des affaires des autres peuples, de leurs gouvernements, de leur action, de la tyrannie dont certaines nationalités sont victimes, veulent une France impuissante et désarmée.

Ils savent bien cependant que leur intervention n'a chance d'être accueillie nulle part, et que, si nous voulons redevenir le peuple initiateur et libérateur, il faut aussi redevenir le peuple fort. Les yeux ne se tournent plus, comme ils se tournaient autrefois, vers la France victorieuse et puissante.

Au Congrès de la libre pensée à Rome, aussi bien qu'au Congrès du socialisme à Amsterdam, les délégués français ont appris à leurs dépens que les « peuples frères » n'attendaient plus de nous ni exemple, ni mot d'ordre : ce sont eux qui se posent aujourd'hui en dirigeants.

Dirigeant, M. Bebel qui oppose la Révolution allemande, organisée, méthodique, positive à la Révolution française généreuse, enthousiaste et, dit-il, incohérente.

Dirigeant, le philosophe libre penseur allemand qui encourage la République française à supprimer en France le budget des Cultes, à rompre toutes relations avec le Saint-Siège, à mener une guerre sans merci contre les religions et qui refuse énergiquement de se faire chez lui l'apôtre d'une politique qu'il juge excellente chez nous.

Dirigeant, l'Italien qui riposte à nos révolutionnaires au Congrès de Rome : « Gardez la République chez vous, si bon vous semble ; mais nous n'avons pas à recevoir de vous un gouvernement quelconque. »

En même temps que nos internationalistes, peu soucieux de leur propre dignité et de celle de leur pays, se voient infliger des rebuffades humiliantes, ils sollicitent volontiers dans nos affaires l'intervention des étrangers.

C'est à eux que s'adresse M. Jaurès ; il les consulte sur le rôle qu'il doit jouer, lui, député français, dans le Parlement français et dans la politique française; M. Jaurès, ministre, continuerait-il à prendre l'avis des socialistes allemands et italiens? Installerait-il chez nous une sorte de gouvernement où l'internationalisme s'exercerait au seul détriment des intérêts de la France?

Ce que nous cherchons à bien faire comprendre, c'est qu'on ne peut se proclamer à la fois révolutionnaire internationaliste et pacifiste, sinon à la façon de ceux qui bouleverseraient volontiers le monde pour le transformer et voueraient au massacre une partie de l'humanité pour assurer le triomphe de la paix définitive — sans aucune garantie — parmi les hommes.

Les révolutionnaires d'autrefois, penseurs ou hommes d'action, ne raisonnent pas autrement que nous sur ce point. Rappelons Barbès, Blanqui, Flourens, Garibaldi.

« Oh! vous, écrit Blanqui, la grande race de la Méditerranée, la race aux formes fines, délicates, l'idéal de notre espèce, vous qui avez couvé, fait éclore et triompher toutes les grandes pensées, toutes les généreuses aspirations; debout pour le dernier combat, debout pour exterminer les hordes bestiales de la nuit, les tribus zélandaises qui viennent s'accroupir et digérer sur les ruines de l'humanité (1). »

Barbès, à la veille de la guerre de 1870, voyait se former la tempête contre la France et invitait ses amis politiques à ne pas céder à des entraînements, à des illusions pacifistes qu'ils regretteraient cruellement un jour. Il s'exprimait sur l'avenir

---

(1) *La Patrie en danger.*

avec une véritable angoisse. Il mourut au début
de l'année terrible, assez tôt pour ne pas être té-
moin des désastres de la France qu'il adorait (1).

(1) « Ce terrible révolutionnaire, dit une étude publiée
dans le *Temps,* était le plus chauvin des Français. Il ne
s'intéresse dans sa prison qu'à la guerre de Crimée, et,
dans ses lettres à George Sand, il laisse échapper les vœux
ardents qu'il faisait pour le succès de nos armes. Une de
ces lettres, mise sous les yeux de l'empereur, lui valut
une grâce entière. Il refusa de l'accepter. Son attitude cour-
roucée fut la révolte et la protestation d'un martyr à qui
un ennemi jaloux vole sa couronne. Il fit savoir par le
Moniteur qu'il n'avait rien fait pour mériter ce traitement
qu'il estimait indigne ; il se déclara plus ouvertement que
jamais ennemi de l'empire et de l'empereur, demanda qu'on
l'arrêtât de nouveau, donna son adresse à la police, disant
qu'il restait encore quarante-huit heures à Paris. Il tenait
parole et, le délai expiré, il prenait le parti de quitter la
France pour n'y plus revenir. Cet agitateur impénitent
adorait Jeanne d'Arc, détestait l'Angleterre et l'Allemagne,
exaltait la gloire et le génie d'une patrie qu'il ne devait
plus revoir. Il vit se former la tempête de 1870, il l'annon-
çait avec une véritable angoisse. Heureusement pour lui,
il mourut à temps pour n'en pas souffrir. Il avait vécu en
anachorète ; il s'éteignit seul à La Haye dans les premiers
mois de l'année terrible.

« Une autre originalité de ce révolutionnaire, c'était
d'être une nature profondément religieuse. L'abandon de
toute croyance confessionnelle n'avait pas ébranlé sa foi
en Dieu. Et c'est parce qu'il croyait en Dieu fermement
que jamais il n'a douté du triomphe de la justice et de la
liberté. Dans ses lettres à George Sand qui était de la
même religion intérieure, idéaliste et libre, il y a des protestations de foi morale qui étonneront beaucoup de lec-
teurs de nos jours.

« Les religions écrites, quand on y croyait, pouvaient
consoler un peu. Nous, notre foi intime nous soutient
aussi. Nous aurions besoin d'être plus grands et plus forts
que nos pères pour être à la hauteur de nos devoirs. Si
nous faiblissons parfois, Dieu, qui juge nos cœurs, nous
pardonnera... 48 pouvait être sauvé si nous avions suivi
vos conseils. C'est de plus d'amour dont nous aurions tous
eu besoin. La France est un pays aimant, et qui sait ? ce

7

Cypriani, à la suite du dernier congrès socialiste international, se séparait nettement des partisans de la paix à tout prix, c'est-à-dire de la lâcheté.

M. Clémenceau — l'ex-leader du parti radical — répond en excellent logicien aux rhéteurs pacifistes :

« Que ceux de mes amis qui parlent légèrement de désarmer veuillent bien tourner les yeux vers l'Orient. Ils verront qu'aux terres illustres où l'Europe s'affronte à l'Asie, la plus noble cause est en péril par la seule raison qu'elle n'a pas pu mettre la force de son côté. L'hellénisme a pour lui la plus grande puissance morale. Tout son mal vient de sa faiblesse sous les armes. Les Crétois, eux, furent forts, et c'est le moindre hommage qu'on puisse leur rendre de reconnaître qu'ils surent jalousement garder dans les forteresses naturelles de l'Ida une Grèce invincible. Qu'on y songe. C'est un prince grec, qui, dans l'intérêt grec, a fait tomber de leurs mains robustes des armes devant lesquelles le Turc si souvent avait fui. C'est pour la Grèce, leur patrie, qu'ils ont accompli ce sacrifice suprême de se laisser désarmer. »

Dans l'une des revues les plus autorisées du socialisme scientifique : le *Mouvement socialiste*, M. Edouard Berth s'explique très catégoriquement sur l'idéalisme nuageux « débilitant et funeste » d'un Jaurès.

« Le capitalisme a été obligé de vaincre l'esprit

que l'on a nommé la réaction nous aurait aimés, si nous avions su moins menacer et montrer que nous aimions bien ! »

d'insubordination, l'arnachisme individualiste de ces masses ouvrières habituées jusque-là au travail libre et indépendant de la terre. Le capitalisme a été un éducateur brutal — mais y a-t-il éducation sans quelque rudesse, et peut-on vaincre la paresse, l'insubordination inhérentes à l'homme sans une discipline stricte et rigoureuse? Le capitalisme, comme la guerre, a été un grand instituteur de l'humanité. Tâchons seulement qu'un socialisme sentimental, pacifiste et émollient, ne brise pas l'énergie humaine, par eux jusqu'ici dressée, bridée, érigée vers les grandes tâches. »

On a justement fait remarquer que M. Berth parle de la guerre « grand instituteur de l'humanité » à peu près comme Joseph de Maistre :

« Que les humanitaires et les pacifistes de tout acabit en prennent leur parti, ce n'est pas avec des idylles qu'on fait marcher le monde! »

Si ce n'est plus avec des idylles, comme les socialistes parlementaires en ont l'agréable dessein, comment la *Confédération générale du travail* (retenez ce nom : ce sera peut-être le pouvoir de demain, et un pouvoir dictatorial, absolu,) fera-t-elle « marcher le monde »? C'est un autre syndicaliste, M. Lagardelle, qui, sur ce point, éclaire et complète M. Edouard Berth.

« Les vrais héritiers de l'esprit guerrier, ce sont les ouvriers révolutionnaires groupés dans leurs bourses de travail... Ils ne déposent pas les armes et ne parlent pas de paix. Certes, ils sont aussi pour la paix internationale, parce que c'est sur eux que retombe le poids des guerres d'Etat à Etat. Mais ils poursuivent la guerre de classe à classe. Il semble qu'au moment où l'ère des Etats a atteint son point culminant l'ère des classes commence. La dissolution de l'Etat traditionnel aura pour conséquence la mise au premier plan de l'histoire des groupements sociaux essentiels. La lutte des classes apparaîtra comme le vrai ressort du monde moderne. *Ainsi la guerre ne périra pas.* Elle changera simplement de formule; ce ne sera plus la guerre nationale, *ce sera la guerre sociale.* La force, qui est l'agent de la transformation du monde, trouvera une destination nouvelle. La vie ne s'effondrera pas dans le marasme du pacifisme ; il reste une école d'héroïsme et un champ de bataille permanent : c'est la lutte ouvrière. »

Dégageons des formules l'idée :

La guerre ne périra pas, disent les internationalistes conscients. Nous la ferons à toutes les réactions, à la réaction « mondiale » comme en 1792. La France révolutionnaire est donc invitée à prendre l'initiative de la conflagration universelle. Dès que cette idée sortira du domaine théorique pour entrer dans celui des réalisations, sinon immédiates du moins prochaines, cette conflagration deviendra inévitable. Les forces de réaction, c'est-à-dire les monarchies européennes, prendront les devants.

Les révolutionnaires de l'école antipatriote la plus déterminée et la plus sectaire repoussent avec une sincérité plus brutale les doctrines creuses de M. Jaurès.

L'idée de guerre non seulement ne répugne pas à M. Hervé, l'insulteur du drapeau, mais il la proclame **nécessaire, inévitable,** pour l'accomplisse-

ment de la révolution; il la veut, il la prévoit générale et terrible.

En son dernier volume, M. Zola, qui est un peu
le prophète de l'internationalisme et qui en formule, en quelque sorte, l'évangile, dans *Travail*
nous décrit les catastrophes et les crises les plus
effroyables qui doivent, selon lui, préparer l'avènement de la justice sociale et de la fraternité des
peuples :

« ..... Des villes entières durent être prises d'assaut..... Les pavés furent rouges de sang et les
fleuves roulèrent des cadavres....

« ..... Longtemps les villes dans la nuit avaient
flambé comme des torches, au milieu du hurlement
des anciens bourreaux égorgés qui ne voulaient
pas mourir. Et c'était le déluge de sang prédit,
dont les prophètes de l'anarchie avaient longtemps
annoncé la nécessité féconde..... »

Nous pourrions multiplier ces citations. Qu'il
nous suffise de rappeler le refrain de *l'Internationale*, qui est aujourd'hui le chant de ralliement
de tous les révolutionnaires :

> C'est *la lutte finale !*
> Groupons-nous et demain
> L'Internationale
> Sera le genre humain.

Ou ces paroles n'ont aucun sens, ou elles signifient : guerre pour le triomphe de l'internationale,
guerre effroyable et finale pour assurer la paix par
l'unité. Napoléon et les grands conquérants ne rai-
sonnaient pas autrement. La lutte finale était, pour
eux, celle qui devait briser les dernières résistan-

ces, les derniers obstacles à la réalisation de leur idéal.

Les intérêts, menacés de disparaître, ne cèdent pas à la « raison », ils ne cèdent qu'à la force. Les vrais révolutionnaires ne se laissent donc pas bercer par la redondante phraséologie de M. Jaurès, et, logiquement, ils concluent à la guerre contre tout ce qui leur barre le chemin : guerre au sultan rouge, guerre au tsarisme, guerre à tous les gouvernements monarchiques, à tous les régimes bourgeois et capitalistes, guerre formidable, anarchique, menée au mépris des conventions de la civilisation et du droit des gens, guerre de destruction se terminant par le triomphe de la cause socialiste sur les ruines du vieux monde.

VII

Conclusions.

Nous croyons avoir démontré, d'après les leçons
mêmes de l'histoire, que le maintien de la paix est
œuvre d'équilibre, œuvre savante de diplomates,
au lendemain des grandes guerres, conduite sous
l'impression des sentiments laissés dans les esprits
par les hécatombes, les ruines et les désastres.
C'est en morcelant, si nous pouvons nous exprimer
ainsi, les influences, en prenant des garanties contre
les nations qui rêvent la prépondérance, en créant
des contrepoids, des états-tampons ou neutres que
les hommes d'Etat réussissent à établir une paix
plus ou moins durable. Tel fut le résultat des
traités de 1815, après les guerres de la Révolution
et de l'Empire, conçus dans le double but de contenir l'esprit révolutionnaire et d'assurer à chacune
des grandes puissances une force à peu près égale.
La Confédération germanique partageant l'Allemagne en petits Etats plus divisés qu'unis, ayant
des intérêts différents, fut le chef-d'œuvre de la

diplomatie européenne après la chute de Napoléon.

Elle assura à l'Europe une longue paix de 1815 à 1854, de Waterloo à la guerre de Crimée, à peine troublée par les explosions révolutionnaires de 1820, de 1830 et de 1848.

Le gouvernement de Charles X avait bien essayé de conclure un traité avec la Russie, en vue de rendre à la France la frontière du Rhin ; mais il n'eut pas le temps de mener l'entreprise à bon terme.

Cependant, comme l'absolu n'existe pas en politique et qu'il n'est pas d'œuvre humaine parfaite, les traités de 1815, basés sur l'entente des gouvernements contre la Révolution, ne devaient pas, ne pouvaient pas résister éternellement à l'effort latent de celle-ci ni aux revendications des nationalités, qui s'accommodaient mal du régime à elle imposé.

Les premières explosions s'étaient produites dans l'Italie soumise au joug autrichien. Trois fois elles furent comprimées par la force, en 1820, en 1831 et en 1848 ; mais le parti de l'indépendance italienne, ayant trouvé ses hommes nécessaires, Mazzini, Garibaldi et Cavour, sut habilement lier sa cause à celle de la Révolution et y intéresser tous ceux qui croyaient avoir intérêt à détruire ou à modifier les traités de 1815.

Mazzini, Garibaldi exercèrent leur influence au profit de leur pays sur toutes les forces révolutionnaires en Europe ; Cavour décida la France à intervenir par les armes. Les guerres de 1859, de 1864, de 1866 et de 1870 résultèrent de cette rupture d'équilibre. Le traité de Francfort, en 1871, acheva de détruire l'œuvre de 1815. Résultat : la guerre turco-russe de 1877, le réveil des nationalités dans les Balkans, l'inquiétude et l'incertitude générales, les alertes sans cesse renouvelées jusqu'au jour où l'alliance franco-russe rétablit un nouvel équilibre, la duplice faisant contrepoids à la triplice.

On sait que cette duplice, garantie de paix, n'eut pas d'adversaires plus acharnés que les internationalistes. Leur action contre elle est continue en Allemagne, en Angleterre, en Italie, en France. Leurs manifestations sont d'hier et de chaque jour ; il serait superflu de les rappeler.

D'autre part, deux puissances, également résolues à établir leur suprématie, l'Allemagne, d'une part, l'Angleterre, de l'autre, avaient intérêt à battre en brèche l'alliance franco-russe. Celle-ci résista cependant aux intrigues perfides, aussi bien qu'aux attaques violentes jusqu'au jour où la Russie, entraînée habilement en Extrême-Orient par l'Allemagne, y engagea toutes ses forces et subit les désastres qui l'empêcheront longtemps encore de jouer un rôle décisif dans les affaires de l'Europe. Avec une inconscience inouïe, avec une prodigieuse ignorance des réalités, les hommes qui se proclament chez nous des pacifistes à outrance, tous les internationalistes français se réjouirent des défaites de la Russie et exultèrent à la nouvelle des victoires du Japon.

La conséquence de ces victoires ne se fit pas attendre : le contrepoids, l'équilibre n'existant plus, la rivalité anglo-allemande se démasqua ; le gouvernement de Berlin, avec une brutalité bien teutonne, usa vis-à-vis de la France, pour la déterminer à prendre parti contre l'Angleterre, des pires procédés d'intimidation.

L'alliance russe, objet de la haine des internationalistes, devenue impuissante, les menaces de conflit et de guerre s'élevèrent de toutes parts.

Certains révolutionnaires n'en continuent pas moins, toujours en invoquant la paix universelle, à fulminer avec plus ou moins de violence, selon leur audace et selon leur tempérament. A l'occasion du voyage à Paris du roi d'Espagne Alphonse XII, et au risque de faire le jeu de l'Allemagne intéressée à troubler les relations amicales qui s'établissaient entre le jeune souverain et la République française, ces internationalistes engageaient la population parisienne à injurier, et même à assassiner notre hôte.

A la même heure, le célèbre professeur Hervé renouvelait ses pires diatribes contre l'armée et contre la patrie :

« S'il faut risquer notre vie, concluait-il, nous la risquerons, pour essayer de faire la révolution sociale, *les guerres civiles étant les seules guerres où les peuples aient quelque chose à gagner.* »

M. Vaillant tenait à la Chambre des députés un langage qui s'inspirait d'idées peu sensiblement différentes, et M. Jaurès lui-même, tout en répudiant les théories de M. Hervé, écrivait dans son journal l'*Humanité*, en s'adressant au prolétariat international :

« Si l'horrible cauchemar de la guerre prenait corps, si nous ne parvenions pas, unis à vous, à conjurer ce désastre et ce crime, nous essaierions sans cesse, malgré la tourmente, de concerter notre action avec la vôtre, pour faire jaillir de ce chaos la Révolution libératrice et pacificatrice. »

Cet étrange « pacificateur » poussait donc le plus terrible des cris de guerre en faisant appel à la Révolution universelle.

Rhétorique, dira-t-on ; oui, mais rhétorique singulièrement dangereuse, puisque, par une contradiction inouïe, elle tend à éveiller toutes les craintes, toutes les défiances, toutes les hostilités contre le peuple « qui veut faire jaillir du chaos la révolution libératrice », et en même temps elle berce, de chimères et d'illusions folles, le même peuple invité à la fois à bouleverser le monde et à détruire chez lui la force militaire.

Triple cause de conflit résultant d'une politique qui prétend agir hors des frontières, qui favorise l'anarchie et le désordre, la désorganisation de l'armée, et qui, affaiblissant la nation, l'expose par cela même au provocations et aux agressions (1).

(1) Opinion du général Kesler :
« ... Le Français qui croit trouver dans une *affectation de sentiments pacifiques* le refuge le plus sûr contre la guerre devrait observer, avec un peu d'attention, ce qui se passe sur sa frontière ; il remarquerait que l'Allemagne, loin de diminuer ses armements, *les augmente à mesure que fléchit la valeur morale et matérielle de l'armée française.* De l'Alsace-Lorraine, qui n'était il y a vingt ans qu'un « glacis défensif », elle fait une immense place d'armes *offensive* dont le caractère se dessine par le développement intensif donné depuis quelques années aux ouvrages extérieurs de la place de Metz.

« La France recherche dans une politique d'effacement un moyen de conjurer la guerre ; elle en conclut au désarmement possible ; son raisonnement pèche par la base parce que *seuls les peuples forts sont respectés ;* plus elle accentue son désir de paix par ses paroles comme par ses

L'internationalisme agissant devra donc aboutir fatalement à la guerre.

Les révolutionnaires de 1792, ceux mêmes de 1830 et de 1848, ne se défendaient pas de la vouloir ; ils prétendaient faire de la France le soldat de la Révolution et confondaient volontiers leur rêve grandiose avec celui d'une Patrie délivrant et dirigeant les nations.

Il n'y a, croyons-nous, que M. Naquet qui ait, au nom de la Révolution, on le sait, invité la France à se sacrifier à l'humanité et à la régénérer par son suicide.

« Si cela dépendait de moi, dit-il dans les *Annales de la jeunesse laïque*, je n'hésiterais pas à conseiller à la France de donner le plus noble exemple qui ait jamais été donné par aucun peuple, *en désarmant sans demander de réciprocité à qui que ce soit.*

Il ajoutait :

Les choses, d'ailleurs, dussent-elles avoir un dénoûment différent, il n'en résulterait pas, à mon sens, qu'il convînt de changer d'attitude. Le sacrifice d'un peuple voué en holocauste au progrès me remplit d'admiration.

« *Je voudrais voir la France désarmer sans s'occuper de ce que font les autres. Il se pourrait qu'elle succombât sous quelque agression monstrueuse. Mais, même alors, elle ne périrait pas tout entière !!* »

Nous n'accusons pas M. Naquet de trahison ; mais nous avons le droit de faire remarquer qu'un traître ne parlerait pas autrement qu'il ne parle.

actes, *plus elle excite son adversaire* à préparer la guerre pour profiter d'une occasion favorable ».

C'est langage d'idéologue cosmopolite, c'est défi au bon sens et à la raison !

La doctrine de M. Naquet aboutirait au sacrifice même du droit, condamné à disparaître, comme disparaît tout ce qui perd l'instinct de défense, c'est-à-dire la volonté de vivre.

Un journaliste de grand talent, M. Naudeau, écrivait naguère des champs de bataille de Mandchourie :

« O sociologues d'Europe, vous réclamez des réformes ; vous aspirez au progrès infini ; vous demandez que les principes de justice dominent de plus en plus les relations entre les hommes ; socialistes, vous faites des grèves, vous luttez pour obtenir quelques centimes de plus à la fin de chaque journée de labeur ; internationalistes, vous prônez le désarmement, vous rêvez de fraternité et de concorde entre les peuples. O rêveurs ! ô Byzantins ! venez voir ici ce qu'on fait du principe de justice ; venez apprendre que la civilisation, bien loin d'être la maîtresse de l'univers, n'y occupe encore qu'une petite place. Avant de vous égarer dans vos arguties, avant de vous égarer dans vos subtiles casuistiques, venez voir ce que l'humanité du vingtième siècle renferme encore de férocité aveugle ; venez voir quel fumier humain devient, sous le talon des forts, une race désarmée. *Souhaitez que les nations où fleurissent les plus nobles fleurs intellectuelles, où la pensée flamboie, celles qui sont les dépositaires des idées sacrées, les champs d'expérience du progrès, celles où il est permis de parler de droit et de justice soient en même temps les mieux armées, les plus inattaquables, les plus terribles !* »

Vous qui vous proclamez internationalistes et qui projetez d'en finir avec toutes les tyrannies et toutes les inégalités sociales, et de jeter bas tous les trônes, reconnaissez donc que vous ne briserez les résistances des forces très réelles que vous voulez détruire, qu'en leur opposant d'autres forces plus puissantes.

Qui veut l'action internationale, c'est-à-dire l'intervention française dans les affaires des autres peuples, doit se préparer à la guerre.

Un nationalisme étroit et jaloux, inaccessible au sentiment, dédaigneux des affaires des autres et rigoureusement soucieux des siennes, toujours préoccupé de se défendre, ne contribuera jamais à l'accomplissement de grandes actions, mais garantira la paix.

Un internationalisme, quel qu'il soit, doit se heurter tôt ou tard, hors des frontières, aux institutions et aux intérêts qu'il menace et dont il ne peut triompher qu'après bataille. Le conflit est fatal. Les grands hommes d'action, depuis la Révolution française, ont su fort habilement se servir de l'internationalisme pour le faire concourir à l'exécution des remaniements qu'ils projetaient : Danton, Napoléon, Cavour, Bismarck.

Peut-être quelque audacieux révolutionnaire de demain rêve-t-il de replacer la France au premier rang des nations européennes par les mêmes moyens ; mais il n'aurait assurément rien de commun avec les apôtres du « pacifisme. »

En résumé : ou l'internationalisme n'est que batelage et paradoxe périlleux — car il tend à affaiblir le peuple chez lequel il sévit, — ou il est actif, militant, envahissant, destructeur et il aboutit au conflit et à la guerre.

* * *

Examinons maintenant rapidement quelle situation nous est faite, au lendemain de la guerre russo-japonaise, des manifestations de l'entente cordiale, des incidents du conflit Marocain, de la paix de Portsmouth et du traité conclu entre l'Angleterre et le Japon.

L'Angleterre prend nettement position de façon à empêcher la réalisation du rêve pangermaniste, et du projet d'expansion allemande en Asie. Elle signifie à Berlin : — Halte-là ! Nous ne vous permettrons pas d'élargir votre colonie de Kia-Tcheou ni d'étendre la main vers le Chantoung.

Encore se réserve-t-on à Londres, à la première manifestation d'hostilité, de mettre Guillaume II en demeure d'évacuer cette colonie.

Restent réservées les questions relatives aux prétentions allemandes en Turquie d'Europe et en Turquie d'Asie (chemin de fer de Bagdad) et à la succession d'Autriche ; mais il apparaît avec évidence que l'Angleterre ne supportera pas plus aujourd'hui la prépondérance allemande qu'elle n'a supporté autrefois la prépondérance française.

Il y a donc conflit.

Ou l'Allemagne cèdera ;

Ou elle négociera une entente, une transaction avec l'Angleterre ;

Ou elle se préparera à la lutte.

Envisageons ces trois hypothèses :

Guillaume II peut-il, sans perdre tout prestige, vis-à-vis de son peuple et vis-à-vis de l'étranger, s'incliner devant la notification qui lui est faite, renoncer à ses projets les plus chers, après s'être livré aux manifestations tapageuses que l'on sait ? Peut-il accepter sa défaite ?

A l'intérieur, les partis d'opposition lui reprochent déjà les lourdes fautes commises.

Bebel, dans un éloquent réquisitoire au congrès d'Iéna, résume ainsi l'acte d'accusation :

« L'Allemagne est entièrement isolée en Europe : Nous n'avons aucun ami. L'Autriche est complètement divisée et impuissante d'agir ; les sympathies de l'Italie la poussent tout naturellement et très fort vers la France, et l'Angleterre est avec la France contre nous ; quant à la Russie, devant laquelle jusqu'en ces derniers jours on a rampé de la façon la plus inouïe, elle accepte toutes nos complaisances et ne juge même pas nécessaire de dire merci. Elle attend le moment où elle pourra tomber à son tour sur nous. Maintenant que les portes lui sont fermées en Orient — je dis cela tout tranquillement — surgit à nouveau la question de la domination dans le Bosphore et la possession de l'embouchure de la Vistule et de Memel. Je n'ai pas besoin de dire ce que cela signifie pour nous. Ce qui est certain, c'est que nous sommes dans une situation extrêmement dangereuse, telle que nous n'en avons plus vue depuis 1870... ».

Edouard Drumont exprime, en d'autres termes, cette impression plus nette encore ailleurs qu'en Allemagne :

« Par une de ces répliques auxquelles se plaît

l'histoire, Guillaume traverse exactement la phase que traversa Napoléon III après Sadowa. Napoléon, du moins, eut dans cette circonstance plus de dignité que Guillaume; il livra moins le secret de ses désillusions; il fut plus « vieille dynastie. »

« Dans cette épreuve, Guillaume apparaît bien tel que nous l'avons souvent décrit. C'est un impulsif dont la force d'impulsion va bien jusqu'à la manifestation théâtrale, mais ne peut arriver jusqu'à l'action: c'est un être incomplet, bien doué par certains côtés, qui oscille sans cesse entre l'impuissance à rester tranquille et l'impuissance à agir. »

Le Kaiser se reconnaîtra-t-il vaincu ?

Mais il ne s'agit pas seulement pour lui de diminution de prestige, ni même d'humiliation; il s'agit de l'avenir même de l'industrie et de la marine allemandes. L'Angleterre a porté à l'Allemagne un des coups les plus rudes qui puissent lui être portés, puisqu'elle arrête brusquement l'essor d'une politique pratiquée, poursuivie depuis dix ans et aujourd'hui en plein développement.

Il est donc peu probable que l'Allemagne abandonne cette politique et cède purement et simplement.

La seconde hypothèse mérite toute notre attention. Devons-nous prévoir comme possible une entente, une transaction entre l'Allemagne et l'Angleterre ?

Et d'abord quelle compensation suffisante la seconde offrirait-elle à la première ?

Elle ne consentira pas vraisemblablement à la laisser prendre position en Afrique sur les bords de la Méditerranée, dont l'Angleterre s'est adjugé les deux portes à Gibraltar et à Port-Saïd. En Asie-mineure et en Turquie, les entreprises allemandes, patiemment et habilement menées, se heurtent partout à la résistance britannique. En revanche, l'Angleterre ne laisserait-elle pas carte blanche à sa rivale, en Autriche, à la mort de l'Empereur François-Joseph ?

Mais l'Allemagne disposerait alors de la force la plus redoutable, de la mer du Nord à l'Adriatique ; elle imposerait sa suzeraineté à l'Europe centrale et à l'Europe occidentale.

L'Angleterre a conduit pendant vingt-trois ans la guerre contre la France, de 1792 à 1815, pour détruire cette suprématie continentale qui préparerait sa ruine. Elle ne tolérera pas l'établissement d'un nouvel empire de Charlemagne ou de Napoléon en Europe, la reconstitution d'un ordre de choses contre lequel, à toutes les époques, elle a manifesté l'hostilité la plus irréductible.

La troisième hypothèse, celle du conflit, est donc d'une réalisation beaucoup plus probable dans un délai plus ou moins éloigné, très proche si on tient compte de l'intérêt qui commande à l'Angleterre de ne pas laisser à l'Allemagne le temps de poursuivre ses armements navals.

En cas de guerre anglo-allemande, quel sera le rôle de la France ?

Restera-t-elle absolument neutre ?

Traitera-t-elle avec l'Allemagne ?

Traitera-t-elle avec l'Angleterre ?

La neutralité conviendrait assurément mieux à l'opinion, en majorité pacifique. Elle apparaît comme la solution la plus séduisante.

— Ne nous engageons pas, dit-on volontiers. Nous profiterons, quoiqu'il arrive de la défaite de l'une ou de l'autre puissance.

— Nous attendrons, déclarent d'autres sages, pour nous prononcer, que les chances se dessinent, etc...

Avec beaucoup de sens, M. Alphonse Humbert, pose ainsi la question :

Guillaume II nous fait chanter au Maroc ;
La coalition anglo-japonaise nous fait chanter en Extrême-Orient.

Et le plus piquant de notre aventure, c'est que nous ne chantons que parce que nous ne prenons même pas la peine de regarder dans notre jeu. Si nous y regardions, nous verrions bientôt que l'imminence du grand duel anglo-allemand nous met dans les mains un atout incomparable et qu'avec un peu de savoir-faire diplomatique, nous aurions, sans trop de peine, partie gagnée.

Oui ; mais il faudra quand même prendre parti.

La neutralité systématique, celle qui ne résulte pas des conventions internationales, la neutralité volontaire n'offre, en aucune façon, les avantages de la neutralité garantie, comme la neutralité suisse, ou la neutralité belge ; elle laisse, en effet, à l'adversaire le choix de l'heure.

Quel est donc l'intérêt bien entendu de la France ?

La victoire allemande lui serait-elle plus préjudiciable que la victoire anglaise ?

Quels avantages l'une ou l'autre des deux puissances peut-elle lui offrir ?

Remarquons tout d'abord qu'il ne saurait s'agir d'une entente à établir entre le *peuple* français et

le *peuple* allemand, car s'il y a bien un peuple allemand composé de millions de braves gens qui pris
individuellement seraient peut-être disposés à faire
un traité équitable avec nous, il faut savoir que ce
peuple allemand n'a sur l'orientation de la politique
étrangère de l'Allemagne qu'une action extrêmement faible et à peu près nulle.

« Voyons les choses telles qu'elles sont : *la politique extérieure de l'Allemagne*, dit très justement
M. Chéradame, *source exclusivement prussienne,
elle a pour principe de suivre les directions données
par le grand Frédéric et par Bismarck dont Guillaume II s'efforce visiblement d'être, quoique sous
une forme nouvelle, le continuateur. En matière de
politique extérieure, le peuple allemand n'existera
pour nous que le jour où l'Allemagne sera républicaine.* Or, rien n'indique que ce soit là bientôt un
fait accompli.

« Pénétrons-nous de cette idée ; si nous con-
cluions un accord avec le pays d'outre-Rhin, ce
serait non pas avec l'Allemagne, mais avec la
Prusse, non pas avec le peuple allemand, mais
avec le chef des Hohenzollern.

« Première Question. — Les intérêts économiques de l'Allemagne sont-ils concordants avec les
nôtres ?

Aucun doute ici n'est permis. L'industrie allemande fait une concurrence de plus en plus redoutable à chacune de nos fabrications. L'opposition
des intérêts dans ce domaine est radicale et tellement évidente, qu'il n'est pas besoin de plus ample
démonstration.

« Un accord avec l'Allemagne modifierait-il cet

état de choses ? On ne le conçoit guère, car précisément *cet accord aurait pour conséquence immédiate
d'abaisser la frontière économique.* Cette vérité est
tellement certaine que le général prussien von Lippe
dans une lettre qu'il adressait au *Figaro*, le 10 mais
concluait : « *Une alliance entre la France et l'Allemagne ne peut être qu'une union douanière avec
des institutions parlementaires.* » Or, cette union
douanière, cet abaissement des frontières économiques est-il souhaitable pour nous Français ? Je
demande alors : détruit-on soi-même la digue qui
vous protège contre la mer envahissante ? Autrement dit, le sens de pénétration économique n'est-
il pas indiqué comme venant nettement d'Allemagne vers la France et non point du tout de la
France vers l'Allemagne ? Le chiffre des ouvriers
allemands qui se fixent à Paris et des ouvriers
français travaillant à Berlin établit cette vérité
avec une puissance de démonstration absolue. A
Paris, on constate la présence de plus de 40,000 ouvriers et employés allemands dont le nombre
augmente chaque jour, tandis qu'à Berlin, c'est à
peine si l'on compte 400 travailleurs français,
chiffre stagnant. Or, l'union douanière que rêve
le général von Lippe pourrait-elle faire autre
chose que de favoriser ce mouvement ? Assurément
non. On est donc amené rationnellement à conclure : *l'entente franco-allemande aurait pour conséquence de compliquer fort gravement les conditions d'existence des travailleurs français :* commerçants, industriels, ouvriers.

« Deuxième Question. — La France en faisant
un accord avec l'Allemagne pourrait-elle main-

tenir son prestige moral et son indépendance ?

« Tout d'abord, on ne conçoit pas très bien comment la France, pays de gouvernement changeant, pourrait conclure un pacte avantageux avec un gouvernement comme celui des Hohenzollern dont la caractéristique est d'être durable, ferme et concentré.

« Le fait que la France aurait renoncé à toutes ses revendications n'inclinerait pas les princes de Prusse, à renoncer eux aussi à accomplir leur œuvre en Europe et dans le monde, bien au contraire. Dans la pratique des faits, la France alliée à l'Allemagne devrait se résoudre au rôle de satellite. Or, on peut très bien admettre que malgré leur répugnance, les Bavarois, parce qu'ils sont des Allemands, puissent supporter l'hégémonie prussienne, mais un pays de 38 millions d'habitants de langue française, avec une histoire de douze siècles de grandeur ? »

Le coup de théâtre de Tanger a déchiré les derniers voiles et dissipé les dernières équivoques.

La lumière est faite sur les appétits du pangermanisme et sur les tendances de l'absolutisme berlinois

Celui-ci agit chez nous par intimidation et par intrigue ; il compte, d'autre part, faire intervenir la Russie, en faveur de ses combinaisons diplomatiques, pour nous forcer la main.

« Mais nous serions trop naïfs si nous nous laissions faire. Nous serions plus naïfs encore, si nous laissions l'alliance franco-russe, acceptée jadis avec enthousiasme par toute la nation française comme un contrepoids nécessaire à la Triple-Alliance et comme une réponse directe à ses menaces, se transformer en une machine de guerre dirigée contre l'Angleterre et dont l'Allemagne réglerait le tir et commanderait la manœuvre.

« Si la France en est arrivée à ce degré d'oubli de ses traditions, qu'elle soit prête à engager son armée au service de l'Allemagne et à louer ses régiments et ses vaisseaux de guerre aux négociants de Hambourg, elle n'a nul besoin de la Russie pour l'aider à conclure ce pacte dangereux » (1).

Si, au contraire, ceux qui dirigent notre politique extérieure comprennent que la France n'a aucun avantage, sur le terrain commercial, à voir la concurrence allemande remplacer la concurrence anglaise, s'ils comprennent que son intérêt commun, son honneur exigent qu'elle continue à diriger ses efforts contre les rivaux qui, il y a trente-cinq ans, ont franchi le Rhin pour s'installer à Metz et à Strasbourg, ils s'emploieront à démontrer à la Russie que c'est sur les champs de bataille européens que se disputent les conquêtes les plus lointaines et qu'abandonner aujourd'hui à l'Allemagne l'hégémonie de l'Europe, c'est lui laisser pour demain l'empire du monde. »

La France, qui n'a aucun intérêt à étendre son empire colonial, n'est plus en conflit nulle part, au contraire, avec l'Angleterre ; celle-ci même est notre meilleure, notre plus fidèle cliente.

Les intérêts des deux puissances vis-à-vis de l'Allemagne sont identiques.

(1) Comte de Castellane.

Guillaume II a réussi à supplanter l'influence anglaise sur les rives du Bosphore et à bénéficier à peu près seul du fameux traité de Berlin si funeste à la Russie. Or il importe également à l'Angleterre, à la France et même au gouvernement du Tzar que l'Allemagne ne prenne pas la direction politique de l'Islamisme et ne l'entraîne pas à sa suite, grâce à l'ascendant qu'elle excerce depuis longtemps sur le sultan de Turquie et qu'elle cherche à prendre sur le sultan du Maroc.

« La question du Maroc n'est donc qu'un aspect de la question d'Orient.

« Dans le bassin occidental comme dans le bassin oriental de la Méditerranée se manifeste la rivalité des puissances qui se disputent la domination du monde musulman.

« Et si cette transformation et cette extension de la question d'Orient ont déterminé un nouveau groupement des puissances, au centre duquel se trouvent la France et l'Angleterre et dont l'Allemagne demeure exclue, nous ne pouvons que nous en féliciter.

« Depuis 1870 la politique allemande a toujours eu pour but de nous isoler en Europe.

« C'est précisément parce que cet isolement a pris fin que la chancellerie de Berlin s'est empressée d'aller chercher au Maroc le prétexte nécessaire pour rompre l'entente, intervenue entre les puissances méditerranéennes et imposer de nouveau à la France la solitude et l'impuissance. »

Nous touchons aux moments historisques, c'est-à-dire à la période des réalisations.

Si l'on a pu dire, avant les évènements de 1870,

que la Prusse et la France étaient semblables à deux trains engagés sur une même voie et marchant en sens inverse à la rencontre l'un de l'autre, on peut avec autant de raison, appliquer cette métaphore à la situation respective de l'Angleterre et de l'Allemagne.

L'Allemagne voudrait nous entraîner ou nous contraindre à accepter ou à subir son alliance, à lui laisser la direction de nos affaires extérieures. Nous devons garder précieusement contre elle notre indépendance, la liberté de nos amitiés, de nos ententes, de nos alliances et, s'il y a lieu, de notre action ; nous devons prévoir mieux qu'en 1870 une agression sauvage de ceux qui disaient, il y a quelques mois : si la paix est rompue entre l'Angleterre et l'Allemagne, nous allemands, nous porterons la guerre en France.

Si la France faiblit, si elle chancelle, c'est contre elle que s'accomplira la prophétie arabe qui résume l'histoire de l'humanité toute entière : « Si tu refuses de marcher au combat, Dieu te punira sévèrement ; il mettra à ta place un autre peuple ! » Et quel désastre pour la justice, pour le progrès, pour la liberté, si ce peuple était le peuple allemand prussianisé ! » (1).

A l'heure actuelle, dans une Europe déséquilibrée, l'internationalisme apparaît plus particulièrement dangereux pour la paix.

Pour nous, qui voulons conserver une Patrie, une France capable de survivre aux crises de demain, nous estimons, quel que doive être son

(1) *Franc-Parler :* Paul Déroulède.

rôle (égoïste ou émancipateur), que cette France ne survivra qu'à la condition d'être forte.

Engageons les socialistes et les nationalistes à méditer ces belles phrases d'un discours prononcé par M. Lavisse :

« Comme elle est belle, l'espérance de voir notre France marcher à l'avant-garde des peuples dans la guerre partout engagée contre la misère physique, la misère morale et les injustices qui demeurent! Certes, nous voulons que notre France soit forte par les armes et prête toujours à défendre envers et contre tous son honneur et son droit. Mais c'est aussi une guerre glorieuse, la guerre contre le mal. Les bulletins des victoires qu'on y gagne annoncent que la mort a reculé, que l'ignorance est poursuivie dans ses retranchements, qu'un plus grand nombre d'hommes vivent et qu'un plus grand nombre comprennent les raisons de vivre.

« Et savez-vous, enfants ? Les victoires dans cette guerre préparent les lauriers pour l'autre guerre, si jamais elle se présente. *Donner à tous les Français une égale raison d'aimer la France, de l'admirer, une même passion de la servir, c'est achever et parfaire la solidité de la patrie française.* »

La Patrie française, en effet, n'est pas une formule creuse, nous en ferons une réalité bienfaisante. C'est la grande famille nationale qui doit assurer le plus de bien-être matériel et moral et de protection possible à ses enfants.

« Quelque chose d'éternel gît en nous, dont nous n'avons dit Barrès dans un magnifique langage, que l'usufruit, et cette jouissance même nos morts nous la règlent... Notre raison, cette reine enchaînée, nous oblige à placer nos pas sur les pas de nos prédécesseurs. Dans cet excès d'humiliation, une magnifique douceur nous apaise, nous persuade d'accepter nos esclavages ; c'est... que nous sommes le prolongement et la continuité de nos pères et mères. »

« La force de la patrie me sauve, dit un penseur, « de la honte de recevoir d'un autre mes sentiments « et les parties essentielles de moi-même. »

Donc cette force, il importe non seulement de la conserver, mais aussi de la développer. De quel côté, par qui la France est-elle le plus menacée ? Par l'Allemagne dont la politique a pour but la reconstitution du Saint Empire au profit du kaiser, des bouches du Rhin à l'Adriatique. Si Guillaume II réalisait ce projet, l'Europe occidentale, vassalisée, subirait le joug germanique, joug politique et économique écrasant, avec, pour conséquence, le démembrement, la dénationalisation et la ruine.

Les peuples latins laisseront-ils s'accomplir cette œuvre de domination allemande sous prétexte d'unité européenne ? L'entente s'impose à la France, à l'Italie, à l'Espagne, si elles veulent vivre.

Quant à l'Angleterre, de race différente et fièrement isolée dans son île, l'intérêt lui commande de combattre la suprématie germanique aussi dangereuse pour elle que les diverses suprématies contre lesquelles elle a lutté et dont elle a triomphé.

C'est donc un équilibre qu'il faut rétablir en Europe.

En raison même des périls que l'internationalisme a créés, nous devons, en prévision des conflits qui menacent, faire trêve à nos querelles intestines et à nos ressentiments séculaires, et nous assurer le concours de tous les intérêts en antagonisme avec ceux de l'Allemagne et de toutes les forces capables de contenir ou de vaincre les siennes.

Nous conserverons ainsi peut-être la paix et certainement la France.

H. GALLI.

SAINT-DENIS. — IMPRIMERIE H. BOUILLANT, 20, RUE DE PARIS.

GARNIER FRÈRES, Libraires-Éditeurs

6, rue des Saints-Pères. — Paris   N° I

Envoi FRANCO *contre mandat ou timbres-poste joints à la demande.*

NOUVEAU DICTIONNAIRE NATIONAL
OU DICTIONNAIRE UNIVERSEL
DE LA LANGUE FRANÇAISE
Répertoire encyclopédique des Lettres, de l'Histoire, de la Géographie, des Sciences, des Arts et de l'Industrie
Par BESCHERELLE Aîné
CONTENANT :

1° La NOMENCLATURE la plus riche et la plus étendue que l'on puisse trouver dans aucun dictionnaire.

2° L'ETYMOLOGIE de tous les mots de la langue, d'après les recherches les plus récentes ;

3° La PRONONCIATION de tous les mots qui offrent quelque difficulté ;

4° L'EXAMEN critique et raisonné des principaux dictionnaires ;

5° La SOLUTION de toutes les difficultés d'orthographe, de grammaire et de style ;

6° La BIOGRAPHIE des personnages les plus remarquables de tous les pays et de tous les temps ;

7° Les NOMS de tous les peuples anciens et modernes, de tous les souverains, des institutions, des sectes religieuses, politiques, philosophiques, les grands événements, sièges, batailles, etc. ;

8° La GÉOGRAPHIE ancienne et moderne, physique et politique.

Ancien Dictionnaire de BESCHERELLE entièrement refondu

Le *Nouveau Dictionnaire national de Bescherelle* se compose de 508 feuilles. Il forme quatre magnifiques volumes en caractères neufs et très lisibles, 12,084 pages, ou 16,256 colonnes, matière de 400 volumes in-8, nombreuses vignettes, imprimé sur papier glacé et satiné. **100 fr.** Relié 1/2 chagrin.................... **120 fr.**
Souscription permanente, 184 livraisons à 50 cent. la livraison.
Paraît également en 18 fascicules, composés de 10 livraisons, à 5 fr.

GRAMMAIRE NATIONALE

Ou grammaire de Voltaire, de Racine, de Bossuet, de Fénelon, de J.-J. Rousseau, de Bernardin de Saint-Pierre, de Chateaubriand, de tous les écrivains les plus distingués de la France ; par MM. BESCHERELLE frères. 1 fort vol. in-8 jés. **10 fr.**

DICTIONNAIRE CLASSIQUE DE LA LANGUE FRANÇAISE

Comprenant les mots du Dictionnaire de l'Académie, tous ceux autorisés par l'emploi qu'en ont fait les bons écrivains ; leurs acceptions propres et figurées et l'indication de leur emploi dans les différents genres de styles ; les termes usités dans les sciences, ou tirés des langues étrangères ; la prononciation de tous les mots qui présentent quelque difficulté, géographie, d'histoire et de biographie, etc. Par M. BESCHERELLE aîné, *auteur du Dictionnaire National de la langue française.* 1 fort volume grand in-8 jésus illustré. 1,200 gravures dans le texte et 40 cartes et gravures d'ensemble............................. **12 fr.**
Relié dos chagrin.. **16 fr.**

BESCHERELLE Aîné
NOUVEAU DICTIONNAIRE ENCYCLOPÉDIQUE ILLUSTRÉ
RÉDIGÉ D'APRÈS LE NOUVEAU DICTIONNAIRE DE BESCHERELLE ET CELUI DE L'ACADÉMIE
Langue française — Histoire — Biographie — Géographie — Sciences Arts — Industrie
Par E. BERGEROL et F. TULOU

1.000 vignettes, dessins de CHAPUIS et de CATENACCI. 1 volume in-18, 1,026 pages cart. dos toile. **3 fr.** — Relié toile pleine. **3 fr. 50.**

GRAMMAIRES EN DEUX LANGUES

GRAMMAIRE DE LA LANGUE ANGLAISE. 1° Traité de la prononciation avec un *syllabaire*, exemples de lectures; — 2° Cours de thèmes complet sur les règles, difficultés de la langue; — 3° Idiotismes; — 4° Dialogues familiers, par CLIFTON et MERVOYER, 1 vol. in-18.................. 2 fr.

NEW ETYMOLOGICAL FRENCH GRAMMAR, by A. CHASSANG. With introductory remarks for the use of English schools and colleges, by L. Paul BLOUNT. B. A. French Master, St-Paul's School, Examiner at Christ's Hospital. London. 1 vol. in-18.... 5 fr.

GRAMMAIRE ALLEMANDE pratique et raisonnée, par H.-A. BIRMANN. 1 vol. in-18......... 1 fr. 50

RECUEIL DE LECTURES ALLEMANDES en prose et en vers, par H. BIRMANN et DREYFUS. 1 vol. in-18..................... 1 fr. 50

GRAMMAIRE ESPAGNOLE-FRANÇAISE DE SOBRINO. Très complète et très détaillée, contenant toutes les notions nécessaires pour apprendre à parler et à écrire correctement l'espagnol. Nouvelle édition, refondue par A. GALBAN. 1 vol. in-8, cartonné.................... 4 fr.

NOUVELLE GRAMMAIRE ESPAGNOLE FRANÇAISE. Avec des thèmes, grand nombre d'exemples dans chaque leçon, par A. GALBAN. 1 vol. in-18....................... 2 fr.

GRAMATICA DE LA LENGUA FRANCESA, para los espanoles, por CHANTREAU, corrigée avec le plus grand soin par A. GALBAN. 1 vol. in-8..................... 4 fr.

LEÇONS D'ESPAGNOL à l'usage des établissements d'instruction, par ALLAUX.
1re partie, in-18 cartonné...... 2 fr.
2e partie, in-18 cartonné....... 3 fr.

NOUVELLE GRAMMAIRE RUSSE à l'usage des Français, par N. SOKOLOFF. 1 vol. in-18.. 3 fr. 50

GRAMMAIRE ITALIENNE en 25 leçons, d'après VERGANI, corrigée et complétée par C. FERRARI. 1 vol. in-18...................... 2 fr.

NUOVA GRAMMATICA FRANCESE-ITALIANA di LUDOVICO GOUDAR. Nuova edizione, corretta e arrichita da CACCIA. Un vol. in-18 2 fr.

GRAMMAIRE ALLEMANDE à l'usage des Italiens, par ENENKEL. 1 vol. in-18...................... 2 fr.

METODO TEORICO E PRATICO por apprendere a leggere, scrivere e parlare la *lingua Tedesca*, da ARTURO ENENKEL. 1 vol. in-18 cartonné 2 fr.

GRAMMAIRE PORTUGAISE, raisonnée et simplifiée, par M. Pauline DE SOUZA. 1 fort v. grand in-18.... 6 fr.

ABRÉGÉ DE LA GRAMMAIRE PORTUGAISE de M. P. de SOUZA, avec un cours gradué de thèmes, par L. S. de FONSECA. 1 vol. in-18. 3 fr.

GRAMMAIRE DE LA LANGUE D'OIL, français des XIIe et XIIIe siècles, par A. BOURGUIGNON. 1 vol. in-18..................... 3 fr.

DICTIONNAIRE USUEL DE TOUS LES VERBES FRANÇAIS

Tant réguliers qu'irréguliers, par MM. BESCHERELLE frères.
2 forts vol. in-8 à 3 col., 12 fr. Relié 16 fr.

DICTIONNAIRE DES SYNONYMES DE LA LANGUE FRANÇAISE, par A. BOURGUIGNON et H. BERGEROL. 1 vol. in-32 relié.... 5 fr.

DICTIONNAIRE ÉTYMOLOGIQUE DE LA LANGUE FRANÇAISE, par MM. BERGEROL et TULOU. 1 vol. in-32, format CAZIN, relié 5 fr.

NOUVEAU DICTIONNAIRE DES RIMES. Précédé d'un traité complet de la versification, par QUITARD. 1 vol. in-32 2 fr.; relié........... 2 fr. 50

DICTIONNAIRE DES TERMES DE MARINE, par POUSSART, officier de marine. Gravures, Cartes. 1 vol. in-32 relié..................... 3 fr. 50

PETIT DICTIONNAIRE D'HISTOIRE, DE GÉOGRAPHIE ET DE MYTHOLOGIE, par QUITARD, faisant suite au *Petit Dictionnaire national* de M. BESCHERELLE. 1 vol. in-32 broché. 1 fr. 50; relié... 2 fr.

NUOVO VOCABOLARIO UNIVERSALE della lingua italiana, storico, scientifico, etc., compilato da B. MELZI. 1 vol. in-18 jésus, relié. 6 fr.

NUOVO VOCABULARIO UNIVERSAL DA LENGUA PORTUGUEZA, par LEVINDO CASTRO DE LA FAYETTE. Format Cazin édition de luxe, 1 vol. grand in-32, petit caractère, 1,200 pages............. 6 fr.

PETIT DICTIONNAIRE NATIONAL. Nouvelle édition entièrement refondue, d'après le nouveau Dictionnaire National et la 7e édition du Dictionnaire de l'Académie, par BESCHERELLE aîné. 1 vol. in-32 élégamment relié, toile souple............. 2 fr.

DICTIONNAIRES EN DEUX LANGUES

Avec la prononciation figurée, très complets et exécutés avec le plus grand soin, contenant chacun la matière d'un fort vol. in-8, à l'usage des voyageurs, des lycées, des collèges, de la jeunesse des deux sexes, et de toutes les personnes qui étudient les langues étrangères.

Nouveau dictionnaire anglais-français et français-anglais, par CLIFTON. 1 vol. relié, revu par M. FÉNARD................. **5 fr.**

Nouveau dictionnaire allemand-français et français-allemand, par K. ROTTECK, revu par M. KISTER. 1 vol. relié.................... **5 fr.**

Nouveau dictionnaire italien-français et français-italien, par C. FERRARI. 1 vol. relié....... **5 fr.**

Nouveau dictionnaire français-espagnol et espagnol-français, par VICENTE SALVA. 1 vol. relié. **6 fr.**

Nouveau dictionnaire portugais-français et français-portugais, par SOUZA PINTO. 1 fort vol. relié **6 fr.**

Nouveau dictionnaire français-russe et russe-francais, par SOKOLOFF. 2 vol. reliés.......... **10 fr.**

Nouveau dictionnaire latin-français, par de SUCKAU. 1 vol. relié **5 fr.**

Nouveau dictionnaire français-latin, par BENOIST. 1 vol. relié **5 fr.**

Nouveau dictionnaire grec-français, rédigé sur un plan nouveau, par A. CHASSANG. 1 vol. relié...... **6 fr.**

Nouveau dictionnaire grec moderne-français et français-grec moderne, par Emile LEGRAND. 2 vol. reliés...................... **12 fr.**

Diccionario español-inglés é inglés-español portatil, por D.-F. COLONA BUSTAMANTE, 2 vol. reliés **6 fr.**

Nouveau dictionnaire español-alemán y alemán-español. por ARTURO ENENKEL. 1 vol. relié.. **6 fr.**

Diccionario español-italiano é italiano-español, por D.-J. CACCIA. 1 vol. relié................... **5 fr.**

New dictionary of the english and italian languages, by ALPP DE BIRMINGHAM, 1 vol. relié....... **6 fr.**

Dictionnaire italien-allemand et allemand-italien, composé d'après un nouveau plan, par ARTURO ENENKEL. 1 vol. relié........... **6 fr.**

Dictionnaire anglais-portugais et portugais-anglais, par CASTRO DE LAFAYETTE. 1 volume........ **6 fr.**

Dictionnaire portugais-allemand et allemand-portugais, par ENENKEL. 1 vol. in-32 relié.......... **8 fr.**

GUIDES POLYGLOTTES

Manuels de la conversation et du style épistolaire, à l'usage des voyageurs et des écoles. Grand in-32, format dit Cazin, papier satiné, reliure élégante..... **2 fr.**

Français-Anglais, 1 vol.
Français-Allemand, 1 vol.
Français-Espagnol, 1 vol.
Français-Italien, 1 vol.
Français-Portugais, 1 vol.
English and French, 1 vol.
English and Spanish, 1 vol.
English and Italian, 1 vol.
English-Russian, 1 vol.
Deutsch-Franzœsischen, 1 vol.
Deutsch-English, 1 vol.
Español-Francès, 1 vol.
Español-Inglés, 1 vol.
Español-Alemán, 1 vol.

Español-Italiano, 1 vol.
Español-Portugués, 1 vol.
Italiano-Francese, 1 vol.
Italiano-Tedesco, 1 vol.
Italiano-Portoghese, 1 vol.
Portuguez-Francez, 1 vol.
Portuguez-Inglez, 1 vol.
Hollandsch-Fransch, 1 vol.
Russe-Français, 1 vol.
Russe-Italien, 1 vol.
Russe-Allemand, 1 vol.
Français-Roumain, 1 vol.
Grec moderne-Français, 1 vol.

GUIDE EN QUATRE LANGUES, Français-Anglais-Allemand-Italien. 1 volume in-16......... **8 fr.**

GUIDE EN SIX LANGUES, Français-Anglais-Allemand-Italien-Espagnol-Portugais, 1 volume in-16.............................. **5 fr.**

Avec la prononciation figurée, format in-16, reliure élégante.............. **3 fr.**

Français-Anglais, 1 vol.
Français-Allemand, 1 vol.
Français-Espagnol, 1 vol.
Français-Italien, 1 vol.
Français-Portugais, 1 vol.
Français-Russe, 1 vol.
English and French, 1 vol.

English and Spanish, 1 vol.
English and Italian, 1 vol.
English and Portuguese, 1 vol.
Deutsch-Franzœsischen, 1 vol.
Deutsch-Italieanisch, 1 vol.
Deutsch-Spanisch, 1 vol.
Deutsch-Portugiesisch, 1 vol.

Español-Francès, 1 vol.
Español-Inglès, 1 vol.
Español Alemán, 1 vol.
Español-Italiano, 1 vol.
Español-Portuguez, 1 vol.
Italiano-Francese, 1 vol.
Italiano-Tedesco, 1 vol.
Italiano-Espagnuolo, 1 vol.

Italiano-Portughese, 1 vol.
Portuguez-Francez, 1 vol.
Portuguez-Inglez, 1 vol.
Portuguez-Alemao, 1 vol.
Portuguez-Hespanhol, 1 vol.
Portuguez-Italiano, 1 vol.
Russe-Français, 1 vol.

NOUVEAUX VOCABULAIRES EN DEUX LANGUES

Avec la prononciation figurée dans les deux langues, contenant les mots usuels de la vie pratique, à l'usage des voyageurs. Format elzévir, relié toile...... **2.50**

Français-Anglais, par LAUGHLIN, 1 v.
Français-Allemand, par BIRMANN, 1 vol.
Français-Italien, par ANGELI, 1 vol.
Français-Russe, par TKATCHEFF, 1 vol.
Français-Espagnol, par ZÉROLO, 1 v.
Français-Portugais, par FONSECA, 1 v.
Deutsch-Franzœsischen, par BIRMANN, 1 vol.
Deutsch-Spanisch, par ENENKEL, 1 v.

Deutsch-Englisch, par BLUM, 1 vol.
English-French, par LAUGHLIN, 1 vol.
English-Italian, par CARDIN, 1 vol.
Italiano-Inglese, par CARDIN, 1 vol.
Italiano-Francese, par ANGELI, 1 vol.
Español-Francés, par ZÉROLO, 1 vol.
Español-Alemán, par ENENKEL, 1 vol.
Portuguez-Francez, par FONSECA, 1 v.
Portuguez-Inglez, par MESQUITTA, 1 v.
Russe-Français, par TKATCHEFF, 1 v.

GRANDS DICTIONNAIRES EN DEUX LANGUES

NOUVEAU DICTIONNAIRE latin-français, par MM. H. GOELZER et BÉNOIST. 1 volume grand in-8° à 3 colonnes.................. **10 fr.**

DICTIONNAIRE anglais-français et français-anglais. Composé sur un nouveau plan d'après les ouvrages spéciaux les plus récents, par CLIFTON et ADRIEN GRIMAUX. 2 vol. in-8°. 2,200 pages à 3 colonnes. **20 fr.**
— Reliés, 2 volumes en un. **25 fr.**
en 2 volumes................. **28 fr.**

GRAND DICTIONNAIRE français-allemand et allemand-français, par H. A. BIRMANN, 2 forts vol. grand in-18 **25 fr.** Reliés.... **38 fr.**

GRAND DICTIONNAIRE espagnol-français et français-espagnol. Avec la prononciation dans les deux langues, rédigé par D. VINCENTE SALVA et d'après les meilleurs dictionnaires anciens et modernes, par MM. NORIEGA ET GUIM. 1 fort vol. gr. in-18, 1,600 pages à 3 colonnes, **16 fr.**; Relié.................. **20 fr.**

GRAND DICTIONNAIRE italien-français et français-italien. Rédigé d'après les ouvrages et les travaux les plus récents, avec la prononciation dans les deux langues, par MM. CACCIA et FERRARI, 2 forts vol. grand in-8 à 8 colonnes, réunis en 1 vol. **20 fr.**; reliés...... **25 fr.**

DICTIONARY spanish-english et inglès-español. Le plus complet de ceux publiés jusqu'à ce jour, rédigé d'après les meilleurs dictionnaires anglais et espagnols : de l'Académie espagnole, Salva, Seouse, Cliffton, Woucesien, Webster, etc., par LOPEZ et BENSLEY. 1 vol. gr. in-18, relié. **20 fr.**

NOUVEAU DICTIONNAIRE grec-français, par M. CHASSANG. 1 vol. gr. in-8 relié.................. **12 fr.**

CODES ET LOIS USUELLES

Classés par ordre alphabétique, contenant la législation jusqu'à ce jour collationnée sur les textes officiels, présentant en notes sous chaque article des Codes, ses différentes modifications, la corrélation des articles entre eux, la concordance avec le droit romain, l'ancienne législation française et les lois nouvelles, précédée des *Lois Constitutionnelles* et accompagnée d'une table chronologique et d'une table des matières.

Par MM. AUGUSTIN ROGER et ALEXANDRE SOREL

Président du Tribunal Civil de Compiègne, Chevalier de la Légion d'honneur

Nouvelle édition imprimée en caractères neufs, entièrement refondue et considérablement augmentée.

1 vol. gr. in-8, d'environ 1,500 pages. — Broché, **20 fr.** Relié demi-chagrin, **25 fr.**

LE MÊME OUVRAGE édition portative, format grand in-32 jésus, en deux parties. — Cette édition, entièrement refondue, est imprimée en caractères neufs comme l'édition grand in-8°.

1re PARTIE. Les *Codes*, broché. **4 fr. »** | 2e PARTIE. Les *Lois usuelles*, b. **8 fr. »**
Relié, 1/2 chagrin.......... **5 fr. 25** | Relié, 1/2 chagrin.......... **10 fr. 50**

RÉPÉTITIONS ÉCRITES SUR LE CODE CIVIL

Contenant l'exposé des principes généraux, leurs motifs et la solution des questions théoriques, par **Mourlon**, docteur en droit, avocat à la Cour d'appel. 2ᵉ édition, revue et mise au courant, par Ch. DEMANGEAT, conseiller à la Cour de Cassation, professeur honoraire à la faculté de droit de Paris. 3 vol. in-8. **37 50**
Chaque examen, formant 1 vol., se vend séparément.................... **12 50**

Dictionnaire de droit commercial, industriel et maritime, par J. RUBEN DE COUDER, docteur en droit, président du tribunal civil de la Seine, 3ᵉ édition dans laquelle a été entièrement refondu et remis au courant l'ancien ouvrage de MM. GOUGET et MERGER. 6 forts vol. in-8. 60 fr. Bien relié........ **70** fr.
Supplément au dictionnaire de droit commercial, industriel et maritime, d'après MM. GOUGET et BERGER, par M. J. RUBEN DE COUDER, Conseiller à la Cour de Cassation. 1 volume, broché **10** fr.; relié 1/2 chagrin, tr. jaspées..................... **12** fr.

ŒUVRES COMPLÈTES DE BUFFON. Avec la nomenclature Linéenne et la classification de Cuvier; édition nouvelle : annotée par M. FLOURENS, membre de l'Académie française, nouvelle édition. 12 volumes, grand in-8, illustrés de 150 planches, 400 sujets coloriés, dessins originaux de MM. TRAVIÈS et GOBIN.............. **150** fr.

ŒUVRES DE CUVIER, Suivies de celles du comte DE LACÉPÈDE, complément aux Œuvres complètes de BUFFON, annotées par M. FLOURENS. 4 forts vol. gr. in-8, 150 sujets coloriés. **50** fr.

CHEFS-D'ŒUVRE DE LA LITTÉRATURE FRANÇAISE

Format in-8 cavalier, papier vélin satiné du Marais, Imprimés avec luxe, ornés de gravures sur acier; dessins par les meilleurs artistes. — **60 volumes sont en vente à 7 fr. 50.** — On tire, de chaque volume de la collection, *150 exemplaires numérotés sur papier de Hollande avec fig. sur Chine avant la lettre* ; le volume, **15** fr.

Œuvres complètes de Molière. 2ᵉ édition, très soigneusement revue sur les textes originaux, avec un nouveau travail de critique et d'érudition, aperçus d'histoire littéraire, examen de chaque pièce, commentaires, vocabulaire par L. MOLAND. 12 vol.

Œuvres complètes de J. Racine. Avec une vie de l'auteur et un examen de chacun de ses ouvrages, par M. SAINT-MARC-GIRARDIN, de l'Académie française. 8 volumes.

Essais de Michel de Montaigne. Nouvelle édition avec les notes de tous les commentateurs, complétée par M. J.-V.-L. CLERC, étude sur Montaigne par PRÉVOST-PARADOL. 4 vol. avec portrait.

Œuvres complètes de La Bruyère Publiées d'après les éditions données par l'auteur, notice sur La Bruyère, variantes, notes et un lexique, par A. CHASSANG, lauréat de l'Académie française, inspecteur général de l'Instruction publique. 2 vol.

Œuvres complètes de La Rochefoucauld. Nouvelle édition, avec des notices sur la vie de La Rochefoucauld et sur ses divers ouvrages, variantes, notes, table analytique, un lexique, par A. CHASSANG, 2 vol.

Œuvres complètes de Boileau. Avec des commentaires et un travail de M. GIDEL. Gravures de STAAL. 4 vol.

André Chénier. Œuvres poétiques. Nouvelle édition, vignettes de STAAL. 2 vol.

Œuvres complètes de Montesquieu. Textes revus, collationnés et annotés par ÉDOUARD LABOULAYE, membre de l'Institut. 7 vol.

Œuvres de Pascal. Lettres écrites à un provincial. Nouvelle édition, introduction, notice, variantes des éditions originales, commentaire, bibliographie, par L. DEROME. Portraits de personnages importants de Port-Royal, gravés sur acier. 2 vol.

Œuvres choisies de Pierre de Ronsard. Avec notice, notes et commentaires, par SAINTE-BEUVE ; nouvelle édition, revue et augmentée, par MOLAND. 1 vol. avec portrait.

Œuvres de Clément Marot. Annotées, revues sur les éditions originales; Vie de Clément Marot, par CHARLES D'HÉRICAULT. 1 vol. avec portrait.

Œuvres de Jean-Baptiste Rousseau. Avec un nouveau travail de ANT. DE LATOUR. 1 vol. orné du portrait de l'auteur.

Chefs-d'œuvre littéraires de Buffon. Introduction par M. FLOURENS, de l'Académie française. 2 vol. avec portrait.

Œuvres complètes de La Fontaine.

Œuvres choisies de Massillon. Accompagnées de notes, notice par M. GODEFROY. 2 vol. avec portraits.

ŒUVRES COMPLÈTES DE VOLTAIRE

Nouvelle édition avec Notices, Préfaces, Variantes, Table analytique

LES NOTES DE TOUS LES COMMENTATEURS ET DES NOTES NOUVELLES

Conforme pour le texte à l'édition de Beuchot.

Enrichie des découvertes les plus récentes et mise au courant des travaux qui ont paru jusqu'à nos jours.

Cette nouvelle édition des *Œuvres complètes de Voltaire*, publiée sous la direction de M. Louis Moland, a supplanté celle de Beuchot : c'est un travail remarquable et digne de l'érudition de notre temps.

52 vol. in-8°, y compris 2 vol. de table, le vol . . . . 7 fr.

SUITE DE 90 GRAVURES MODERNES

Dessins de STAAL, PHILIPPOTEAUX, etc.

Ces quatre-vingt-dix gravures modernes, qui viennent s'ajouter aux gravures de l'édition de Kehl, sont des œuvres excellentes pour lesquelles aucun soin n'a été épargné et qui représentent dignement l'art actuel à côté de l'art ancien . . . . 30 fr.

Il a été tiré 150 épreuves sur papier de Chine, 60 fr.

Suite de 109 gravures d'après les dessins de MOREAU jeune.

Nouvelle édition tirée sur les planches originales.

Les gravures exécutées d'après les dessins de Moreau jeune, pour la célèbre édition des Œuvres de Voltaire imprimée à Kehl à la fin du siècle dernier, jouissent d'une réputation qui en faisait désirer vivement la réimpression par les amateurs. Tirée sur les planches originales. Le travail de cette édition a été confié à un de nos meilleurs imprimeurs en taille-douce . . . . 30 fr.

Il a été tiré 150 épreuves sur papier de Chine et 150 sur papier Wathman . . . . 60 fr.

ŒUVRES COMPLÈTES DE DENIS DIDEROT

COMPRENANT :

Tout ce qui a été publié à diverses époques et tous les manuscrits inédits conservés à la Bibliothèque de l'Ermitage. Revues avec soin sur les éditions originales, Notices, Notes, Table analytique.

Par J. ASSEZAT.

Cette édition, véritablement complète des Œuvres de Diderot, forme 20 volumes in-8° cavalier, imprimés par M. Claye sur beau papier du Marais, à 7 fr. le volume.

CORRESPONDANCE LITTÉRAIRE, PHILOSOPHIQUE ET CRITIQUE

Par GRIMM, DIDEROT, RAYNAL et MEISTER.

Nouvelle édition collationnée sur les textes originaux, comprenant outre ce qui a été publié à diverses époques et les fragments supprimés en 1813 par la censure, les parties inédites conservées à la Bibliothèque ducale de Gotha et à l'Arsenal de Paris.

Notice, Notes, Table générale, par Maurice TOURNEUX. 16 vol. in-8° cavalier ; le caractère et le papier sont semblables à ceux des *Œuvres complètes* de Diderot, le volume . . . . 7 fr.

Il a été tiré 100 exemplaires numérotés sur papier de Hollande. Le volume. . . . . 15 fr.

ŒUVRES COMPLÈTES DÉ BÉRANGER

8 vol. in-8. format caval., magnifiquement imprimés, papier vélin satiné, contenant :

Les Œuvres anciennes, illustrées de 52 gravures sur acier, d'après CHARLET, JOHANNOT, RAFFET, etc........ **28 fr.**
Les Œuvres posthumes. Dernières chansons (1834 à 1851), illustrées de 14 gravures sur acier, de A. de LEMUD, 1 vol................... **12 fr.**
Ma Biographie, illustrée de 8 gravures, 1 vol.................... **12 fr.**
Musique des chansons, airs notés anciens et modernes. Edition revue par F. BÉRAT, ill. de 80 gravures d'après GRANDVILLE et RAFFET. 1 vol. **10 fr.**

MÊME OUVRAGE, sans gravures.. **6 fr.**
Correspondance de Béranger. Un magnifique portrait gravé sur acier, 4 forts vol. 1,200 lettres et le catalogue analytique de 150 autres...... **24 fr.**
Chansons de Béranger, anciennes et posthumes. Nouvelle édition populaire, illustrée de 161 dessins inédits de BAYARD, DARJOU, GODEFROY, DURAND, PAUQUET, etc., gravés par les meilleurs artistes, vignettes par M. GIACOMELLI. 1 vol. gr. in-8................. **10 fr.**

Les chansons de Béranger avec musique et accompagnement de piano illustré par BAYARD, 1 vol. in-4° **15 fr.** relié...................... **20 fr.**
Musique des chansons de Béranger, airs notés anciens et modernes. Nouvelle édition revue par FRÉDÉRIC BÉRAT, augmentée de la musique des chansons posthumes d'airs composés

par BÉRANGER, HALÉVY, GOUNOD, LAURENT DE RILLÉ, 120 gravures d'après GRANDVILLE et RAFFET. 1 vol. gr. in-8........................ **10 fr.**
Album Béranger, par GRANDVILLE, 80 dessins, 1 vol. in-8 cav.... **10 fr.** Ces gravures ne font pas double emploi avec les aciers.

Chants et chansons populaires de la France. Nouvelle édition *avec musique*, illustrée de 339 belles gravures sur acier, d'après DAUBIGNY, M. GIRAUD, MEISSONIER, STALL, STEINHEIL, TRIMOLHET, gravées par les meilleurs artistes. Notice par A. DE LAMARTINE, 3 vol. in-8................................. **48 fr.**

Chants et chansons populaires des provinces de France. Notice par CHAMPFLEURY. Accompagnement de piano par J.-B. WECKERLIN. Illustrés par BIDA, COURBET, JACQUE, etc. 1 vol. gr. in-8.............................. **12 fr.**

Chansons nationales et populaires de la France. Notes historiques et littéraires par DUMERSAN et NOEL SÉGUR, vignettes dans le texte et gravures sur acier, 2 vol. gr. in-8... **20 fr.**

L'ancienne chanson populaire en France aux seizième et dix-septième siècles, par J.-B. WECKERLIN, bibliothécaire au Conservatoire de musique et anciens airs notés, gravures en chromotypographie, 1 vol. in-18.......... **5 fr.**
Il a été tiré 50 exemplaires numérotés sur papier de Hollande.......... **10 fr.**

Le Béranger des écoles, accompagné d'une étude et de notes, par E. LEGOUVÉ de l'Académie française, 1 vol. in-18.................................... **1 fr. 50**

BIBLIOTHÈQUE D'UN DÉSŒUVRÉ

Série d'ouvrages in-32, format elzévirien.

Œuvres complètes de Béranger, avec les 10 chansons publiées en 1847, 1 vol........................ **3.50**
Œuvres posthumes de Béranger Dernières chansons et Ma Biographie,

appendice, notes inédites de Béranger. 1 vol....................... **3 fr. 50**
PIERRE DUPONT. **Muse populaire**, chants et poésies. 1 vol... **3 fr.**

RABELAIS
Illustré par GUSTAVE DORÉ

Deux vol. in-4°.............. **70 fr.**
Relié toile................... **80 fr.**
Relié chagrin................. **90 fr.**
— avec coins ...... **100 fr.**

Il a été tiré 50 exemplaires numérotés sur chine.

MÊME OUVRAGE, Première édition. Texte revu et collationné sur les éditions originales, accompagné d'une vie de l'auteur et de notes. 2 vol. in-f° colomb. **200 fr.**
200 exempl. sur papier de Hollande................................. **300 fr.**

Ouvrages grand in-8° jésus, magnifiquement illustrés

GALERIES DE PORTRAITS

GRAVURES SUR ACIER

20 fr. le volume. — 1/2 reliure soignée, tranches dorées, 26 fr.

GALERIE DE PORTRAITS LITTÉRAIRES

Par SAINTE-BEUVE. — J. de Maistre, Montalembert, Thiers, Tocqueville, etc. Portraits gravés à l'eau forte. 1 vol.

GALERIES DE PORTRAITS HISTORIQUES

Tirés des *Causeries du lundi*, par SAINTE-BEUVE, de l'Académie Française. Portraits gravés sur acier, 1 vol.

GALERIE DES GRANDS ÉCRIVAINS FRANÇAIS

Par LE MÊME, semblable au précédent pour l'exécution et les illustrations. 1 vol.

NOUVELLE GALERIE DES GRANDS ÉCRIVAINS FRANÇAIS

Tirée des *Portraits littéraires* et des *Causeries du Lundi*, par LE MÊME. 1 vol.

GALERIE DES FEMMES CÉLÈBRES

Tirée des *Causeries du Lundi*, des *Portraits littéraires*, des *Portraits de Femmes*, par LE MÊME. 1 vol.

NOUVELLE GALERIE DE FEMMES CÉLÈBRES

Par LE MÊME, semblable pour l'exécution à ceux ci-dessus. 1 vol.
Ces 5 volumes se complètent l'un par l'autre. Ils contiennent la fleur des *Causeries du Lundi*, des *Portraits littéraires* et des *Portraits de Femmes*.

POÉSIES D'ANDRÉ CHÉNIER

Avec notice et notes par M. L. MOLAND, gravures sur acier, dessins de STAAL. 1 vol.

DANTE ALIGHIERI

La Divine Comédie, traduite en français par le chevalier ARTAUD DE MONTOR, préface de M. LOUIS MOLAND. Illustrée, dessins de YAN' DARGENT. 1 vol.

HISTOIRE DE FRANCE

Depuis la fondation de la monarchie, par MENNECHET, ill. 20 grav. sur acier, gravées par F. DELANNOY, OUTHWAITE, etc., 1 vol.

NOUVELLE GALERIE D'HISTOIRE NATURELLE

Tirée des œuvres complètes de Buffon et de Lacépède, vie de Buffon par FLOURENS, illustrée dans le texte, coloriées et hors texte, 30 planches sur acier de MM. TRAVIÈS et Henri GOBIN, 1 fort volume.

LA FRANCE GUERRIÈRE

Récits historiques d'après les chroniques et les mémoires de chaque siècle, par CH. D'HÉRICAULT et L. MOLAND, gravures sur acier. 1 vol.

LETTRES CHOISIES DE Mme DE SÉVIGNÉ

Avec une magnifique galerie de portraits sur acier. 1 vol.

GALERIE ILLUSTRÉE D'HISTOIRE NATURELLE

Tirée de Buffon, édition annotée par FLOURENS, 33 gravures sur acier, coloriées, dessins nouveaux de ED. TRAVIÈS et H. GOBIN. 1 vol.

LA FEMME JUGÉE PAR LES GRANDS ÉCRIVAINS DES DEUX SEXES

La Femme devant *Dieu*, devant la *Nature*, devant la *Loi*, devant la *Société*. Riche et précieuse mosaïque de toutes les opinions émises sur la Femme depuis les siècles les plus reculés jusqu'à nos jours, par D.-J. LARCHER, introduction de BESCHERELLE AÎNÉ, 20 superbes gravures sur acier, dessins de STAAL. 1 vol.

LES FEMMES D'APRÈS LES AUTEURS FRANÇAIS

Par E. MÜLLER. Illustré des portraits des femmes les plus illustres, gravés au burin, dessins de STAAL. 1 vol.

LETTRES CHOISIES DE VOLTAIRE

Notice et notes explicatives par M. L. MOLAND, ornées de portraits historiques. Dessins de PHILIPPOTEAUX et STAAL, gravés sur acier. 1 vol.

GALERIES HISTORIQUES DE VERSAILLES

(Édition unique)

Ce grand et important ouvrage a été entrepris au frais de la liste civile du roi Louis-Philippe, et rédigé d'après ses instructions. Il renferme la description de 1,200 tableaux; des notices historiques sur 676 écussons armoriés, 10 volumes in-8°, accompagnés d'un atlas de 100 gravures in-folio..... 100 fr.
ALBUM (formant un tout complet) de 400 grav. avec notice, relié, doré. 60 fr

CHEFS-D'ŒUVRE DU ROMAN FRANÇAIS

12 beaux vol. in-8 cavalier, illustr. de charmantes grav. sur acier, dessins de STAAL.

Chaque volume sans tomaison se vend séparément 3 fr. 50

Œuvres de Mme de La Fayette, 1 v.
Œuvres de Mmes de Fontaines et de Tencin................ 1 vol.
Œuvres de Mme Riccoboni. 1 vol.
Œuvres de Mme Elie de Beau-
mont, de Mme de Genlis, de Fiévée, de Mme Duras... 1 vol.
Œuvres de Mme de Souza. 1 vol.
Corinne ou l'Italie, par Mme DE STAEL.................... 1 vol.

ŒUVRES DE WALTER SCOTT

Traduction de M. DEFAUCONPRET, édition de luxe revue et corrigée avec le plus grand soin, illustrée de 59 magnifiques vignettes et portraits sur acier d'après RAFFET, 30 volumes in-8 cavalier, papier glacé et satiné...... .... 150 fr.
Chaque volume... 5 fr.

TOMES.	TOMES.	TOMES.
1. Waverley.	10. L'abbé.	21. Chronique de la Canongate.
2. Guy Mannering.	11. Kenilworth.	
3. L'Antiquaire.	12. Le Pirate.	22. La jolie fille de Perth.
4. Rob-Roy.	13. Les Aventures de Nigel.	23. Charles le Téméraire.
5. Le nain noir.		24. Robert de Paris.
6. { Les puritains d'Écosse. / La prison d'Edimbourg.	14. Peveril du Pic.	25. { Le Château périlleux. / La Démonologie.
	15. Quentin Durward.	
7. { La fiancée de Lamermoor. / L'officier de fortune.	16. Eaux de St-Ronan.	26. }
	17. Redgauntlet.	27. } Histoire d'Écosse.
	18. Connétable de Chester.	28. }
8. Ivanhoë.	19. Richard en Palestine.	29. }
9. Le Monastère.	20. Woodstock.	30. } Romans poétiques.

LE MÊME OUVRAGE, 30 volumes in-8 carré, avec gravures sur acier. Chaque volume contient au moins un roman complet.................. 3 fr. 50

ŒUVRES DE J. FENIMORE COOPER

Traduction de M. DEFAUCOMPRET, avec 90 vignettes, d'après les dessins de MM. Alfred et Tony JOHANNOT. 30 volumes in-8.................... 150 fr.
On vend séparément chaque volume................. 5 fr.

TOME.	TOMES.	TOMES.
1. Précaution.	11. Le Bravo.	21. Le Feu-Follet.
2. L'Espion.	12. L'Heidenmauer.	22. A Bord et à Terre.
3. Le Pilote.	13. Le Bourreau de Berne.	23. Lucie Hardinge.
4. Lionel Lincoln.	14. Les Monikins.	24. Wyandotté.
5. Les Mohicans.	15. Le Paquebot.	25. Satanstoë.
6. Les Pionniers.	16. Eve Effingham.	26. Le Porte-Chaîne.
7. La Prairie.	17. Le lac Ontario.	27. Ravensnest.
8. Le Corsaire rouge.	18. Mercédès de Castille.	28. Les lions de mer.
9. Les Puritains.	19. Le tueur de daims.	29. Le Cratère.
10. L'Ecumeur de mer.	20. Les deux amiraux.	30. Les mœurs du jour.

LE MÊME OUVRAGE, 30 volumes in-8 carré avec gravures sur acier. Chaque volume contient au moins un roman complet.................... 3 fr. 50

HISTOIRE DES DEUX RESTAURATIONS

Jusqu'à l'avènement de Louis-Philippe (janvier 1813 à octobre 1830), par ACHILLE DE VAULABELLE. Nouvelle édition illustrée de vignettes et portraits sur acier, gravés par les premiers artistes, dessins de PHILIPPOTAUX. 10 vol. in-8. :....... 60 fr.

ŒUVRES COMPLÈTES D'AUGUSTE THIERRY

5 vol. in-8 cavalier, papier vélin glacé, le volume.... 6 fr.

Histoire de la conquête de l'Angleterre.................. 2 vol.
Lettres sur l'Histoire de France.
Dix ans d'Etudes historiques.. 1 vol.
Récits des temps mérovingiens..................... 1 vol.
Essai sur l'Histoire du Tiers-Etat.................... 1 vol.

GÉOGRAPHIE GÉNÉRALE, PHYSIQUE, POLITIQUE ET ÉCONOMIQUE

Par Louis Grégoire, docteur ès lettres, professeur d'histoire et de géographie, avec
109 cartes, 500 gravures, 16 types de races avec costumes, en chromo, 20 gravures
sur acier, 1 fort volume grand in-8 de 1,200 pages...................... **20 fr.**
Relié demi-chagrin, tranches dorées................................... **28 fr.**

DICTIONNAIRE ENCYCLOPÉDIQUE

D'HISTOIRE, DE BIOGRAPHIE, DE MYTHOLOGIE ET DE GÉOGRAPHIE

1° Histoire : l'Histoire des peuples, la Chronologie des dynasties, l'Archéologie, l'Étude
des institutions. — 2° Biographie : la Biographie des hommes célèbres, avec notices
biographiques. — 3° Mythologie : Biographie des dieux et des personnages fabu-
leux, fêtes et mystères. — 4° Géographie : la Géographie physique, politique, industrielle et commerciale, la Géographie ancienne et moderne, comparée, par le même.
**Nouvelle édition mise au courant des modifications amenées par
les événements politiques.** 1 fort volume gr. in-8 à 2 colonnes de 2,132 pages,
la matière d'environ 60 vol. in-8. Broché, 20 fr. — Relié.............. **25 fr.**

DICTIONNAIRE ENCYCLOPÉDIQUE DES LETTRES ET DES ARTS

Avec des gravures intercalées dans le texte par le même. 1 volume grand in-8
illustré, **10 fr.** — Relié.. **15 fr.**

DICTIONNAIRE ENCYCLOPÉDIQUE DES SCIENCES

Avec des gravures intercalées dans le texte, par M. Victor Desplats, docteur en médecine, professeur agrégé à la Faculté de médecine de Paris, professeur des sciences
physiques et naturelles au lycée Condorcet et au collège Chaptal, 1 volume grand
in-8 illustré, **10 fr.** — Relié... **15 fr.**

**Nouveau dictionnaire de géo-
graphie ancienne et moderne,**
par Grégoire, 1 volume grand in-32,
relié........................... **2 fr.**
**Dictionnaire classique d'Histoire,
de Géographie, de Biographie**
et de Mythologie, rédigé d'après
le *Dictionnaire encyclopédique d'Histoire
et de Géographie*, par L. Grégoire,
1 fort volume de 1,260 pages, gr. in-18,
relié........................... **8 fr.**

ŒUVRES COMPLÈTES DE CHATEAUBRIAND

Nouvelle édition, précédée d'une Étude littéraire sur Chateaubriand, par Sainte-Beuve,
de l'Académie française, 12 très forts volumes in-8, sur papier cavalier vélin, orné
d'un beau portrait de Chateaubriand et de 42 gravures par Staal, le volume. **6 fr.**
Les notes manuscrites de Chateaubriand, recueillies par Sainte-Beuve, sur les marges
d'un exemplaire de la 1re édition de l'*Essai sur les Révolutions*, donnent à notre édition de cet ouvrage une valeur exceptionnelle.

ON VEND SÉPARÉMENT AVEC TITRE SPÉCIAL :

Le Génie du Christianisme 1 vol.
Les Martyrs.............. 1 vol.
**L'Itinéraire de Paris à Jé-
rusalem**.................... 1 vol.
**Atala. René. Le dernier
Abencérage. Les Natchez
Poésies**.................... 1 vol.
**Voyage en Amérique, en
Italie, en Suisse**.......... 1 vol.
Le Paradis perdu, littérature
anglaise..................... 1 vol.
Histoire de France......... 1 vol.
Etudes historiques........ 1 vol.

Chaque vol. avec 3, 4 ou 5 grav. 6 fr. — Relié demi-chagrin, tranches dorées. **9 fr.**

LES MÉMOIRES D'OUTRE-TOMBE

6 volumes in-8 cavalier, gravures sur acier, le volume **6 fr.** — Relié........ **9 fr.**

ŒUVRES COMPLÈTES DE SHAKSPEARE

Traduction de M. Guizot, nouvelle édition complète, revue, avec une étude sur
Shakspeare, des notices sur chaque pièce et des notes.
9 vol. in-8 cavalier, sans gravures, le vol. **5 fr.** — Avec gravures, le vol...... **6 fr.**

COLLECTION DES COMPACTES

GRAND IN-8 JÉSUS A 2 COLONNES

Gravures sur acier à **12 fr. 50** le volume *Reliés demi-chagrin, tranches dorées,* **18 fr.**

ŒUVRES COMPLÈTES DE MOLIÈRE. Gravures sur acier, dessins de G. STAAL, notes philologiques et littéraires, par LEMAISTRE. 1 vol.

ŒUVRES DE P. ET TH. CORNEILLE. Vie de P. Corneille, par FONTENELLE. Grav. sur acier. 1 vol. 12 grav.

ŒUVRES DE J. RACINE. Avec Essai sur la vie et les ouvrages de J. Racine, par Louis RACINE; 12 vignettes d'après STAAL, 1 vol.

ŒUVRES COMPLÈTES DE BOILEAU. Notice par M. SAINTE-BEUVE. Notes de tous les commentateurs ; grav. sur acier, 1 vol.

ŒUVRES COMPLÈTES DE BEAUMARCHAIS. Notice par M. LOUIS MOLAND, enrichie à l'aide des travaux les plus récents, grav. dessins de STAAL. 1 vol.

ŒUVRES COMPLÈTES DE CASIMIR DELAVIGNE. — Théâtres. — Messéniennes. — Œuvres posthumes. Illustrées. 1 vol.

MORALISTES FRANÇAIS. — PASCAL, LAROCHEFOUCAULD, LA BRUYÈRE, VAUVENARGUES, avec portraits. 1 vol.

PLUTARQUE. VIE DES HOMMES ILLUSTRES, traduit par RICARD. 14 grav. 1 vol.

ŒUVRES COMPLÈTES D'ALFRED DE MUSSET. 28 gravures dessins de M. BIDA, notice biographique par son frère. 10 vol. in-8 cavalier .... **80 fr.**
Edition en 1 vol. gr. in-8, ornée de 29 gravures .... **20 fr.**

LE PLUTARQUE FRANÇAIS. Vie des hommes et des femmes illustres de la France. Édition revue sous la direction de M. T. HADOT. 180 biographies, autant de portraits sur acier, dessins de INGRES, MEISSONIER, etc., 6 vol. gr. in-8 .... **96 fr.**

ŒUVRES CHOISIES DE GAVARNI. — La Vie de jeune homme. — Les débardeurs, notices par BALZAC, TH. GAUTHIER. 1 vol. gr. in-8, 80 gravures .... **5 fr.**

TABLEAU DE PARIS, par TIXIER. Illustré, 1,500 gravures, dessins de BLANCHARD, CHAM, GAVARNI, etc. 2 vol. in-folio .... **20 fr.**
Relié en toile, tr. dor., fers spéciaux. 2 vol., 30 fr.; rel. en 1 vol..... **25 fr.**

ŒUVRES DE GRANVILLE

9 vol. gr. in-8 jés., brochés, 90 fr. — Reliure demi-chag., tranches dorées, 6 fr. par vol.

FABLES DE LA FONTAINE. Illustrées de 240 gravures. Un sujet pour chaque fable, 1 vol. gr. in-8... **15 fr.**

LES FLEURS ANIMÉES. Texte par Alphonse KARR, TAXILE DELORD et le comte FÉLIX. Planches très soigneusement retouchées pour la gravure et le coloris. 2 volumes gr. in-8, 50 gravures coloriées.................. **25 fr.**

LES PETITES MISÈRES DE LA VIE HUMAINE. Illustrées, texte par OLD-NICK, portrait de GRANDVILLE. 1 fort vol. gr. in-8 jésus ...... **15 fr.**

LES MÉTAMORPHOSES DU JOUR. 70 gravures coloriées. Texte par MM. ALBÉRIC SECOND, TAXILE DELORD, LOUIS HUART, MONSELET. Notice sur Grandville, par Charles BLANC. 1 magnifique gr. in-8 .... **18 fr.**

CENT PROVERBES. Illustrés, gravures coloriées, texte par TROIS TÊTES DANS UN BONNET. Edition, revue et augmentée pour le texte, par QUITARD. 1 volume grand in-8 .... **15 fr.**

MOLIÈRE

FÊTES ET NAISSANCES

1 vol. in-32 élégamment relié, tranches dorées............................ **5 fr.**

HISTOIRE DE FRANCE. Depuis les temps les plus reculés jusqu'à la révolution de 1789, par ANQUETIL, suivie de l'*Histoire de la Révolution*, du *Directoire*, du *Consulat*, de *l'Empire* et de la *Révolution*, par GALLOIS, vignettes sur acier. 10 volumes in-8 cavalier à.............................. **5 fr.**

HISTOIRE DE FRANCE (1830 à 1875). ÉPOQUE CONTEMPORAINE. Par GRÉGOIRE, professeur d'histoire. 4 volumes in-8 cavalier, gravures sur acier, le vol........... **5 fr.**

HISTOIRE DE LA GUERRE Franco-Allemande (1870-1871). Par M. AMÉDÉE LE FAURE, illustrée, portraits hist., combats, batailles. Cartes avec les positions stratégiques, 2 magnifiques volumes gr. in-8. **15 fr.**
Relié, doré, 2 volumes en un.... **20 fr.**

Atlas de la guerre (1870-1871). Cartes des batailles et sièges, par LE MÊME, 1 vol. in-4°, 50 cartes.... **5 fr.**

HISTOIRE DE LA GUERRE D'ORIENT, par M. A. LE FAURE, cartes, plans, d'après l'état-major russe et autrichien, portraits, grav., etc. 2 vol. in-8 colombier........ **15 fr.**
— Relié, doré, 2 vol. en un..... **20 fr.**
LE VOYAGE EN TUNISIE, de M. A. LE FAURE, préface de JÉZIERSKI, carte. 1 vol. gr. in-8, 70 pages. **1 fr.**
HISTOIRE DE LA RÉVOLUTION FRANÇAISE, par LOUIS BLANC, 12 vol. in-8 .... **60 fr.**
ENCYCLOPEDIE THÉORIQUE-PRATIQUE DES CONNAIS-SANCES UTILES. Composée de traités sur les connaissances les plus indispensables avec 1,500 gravures dans le texte. 2 vol. gr. in-8........ **15 fr.**
UN MILLION DE FAITS. Aide-mémoire universel des sciences, des arts et des lettres, par J. AICARD, L. LALANNE, LUD. LALANNE, etc. 1 fort vol. in-8, 1,720 col., avec grav.. **6 fr.**
BIOGRAPHIE PORTATIVE UNI-VERSELLE. 29,000 noms, suivie d'une table chronologique et alphabé-tique, par LALANNE, A. DELLOYE, etc. 1 vol. de 2.000 col............. **6 fr.**
MYTHOLOGIE DE LA GRÈCE ANTIQUE, par Paul DECHARME, professeur de littérature grecque à la Faculté des lettres de Nancy, ancien membre de l'Ecole française d'Athènes, 180 gravures et 4 chromolithogra-phies, d'après l'antique. 1 vol. grand in-8 raisin.......... .... **12 fr.**
GÉOGRAPHIE UNIVERSELLE, par MALTE-BRUN. 6e édit. 6 vol. grand in-8, orné de grav. et cartes... **20 fr.**
ATLAS DE LA GÉOGRAPHIE UNIVERSELLE. Ou description de toutes les parties du monde sur un plan nouveau, par MALTE-BRUN. 1 vol. gr. in-folio, de 72 cartes, dont 14 dou-bles. coloriées, 1 vol. in-folio. **20 fr.**
LORD MACAULAY. Histoire d'Angleterre sous le règne de Jacques II. Traduit de l'anglais par le comte DE PEYRONNET, 3 vol. in-8........ **15 fr.**
— Histoire du règne de Guillaume III. Pour faire suite à l'*Histoire du règne de Jacques II*, traduit par PICHOT. 4 volumes in-8....... **20 fr.**

OUVRAGES RELIGIEUX

ŒUVRES COMPLÈTES DE BOSSUET

Classées pour la première fois selon l'ordre logique et analogique, publiées par l'abbé MIGNE, éditeur de la *Bibliothèque du clergé*. 11 volumes grand in-8................... **60 fr.**
Discours sur l'Histoire univer-selle. Edition revue d'après les meilleurs textes, illustrée. Gravures en taille-douce. 1 vol. gr. in-8... **12 fr.**
Oraisons funèbres et panégyri-ques. Edition illustrée. 12 gravures sur acier, d'après REMBRANDT, MIGNARD, RIBÉRA, POUSSIN, CARRACHE, etc. 1 vol. grand in-8................... **12 fr.**
Méditations sur l'Évangile. Revues sur les éditions les plus correctes. 12 gravures de RAPHAEL, RUBENS, POUSSIN, REMBRANDT. 1 volume grand in-8...................... **12 fr.**
Élévations à Dieu sur tous les mystères de la religion chré-tienne. 1 vol. grand in-8, 10 magnifiques gravures de LE GUIDE, POUSSIN, VANDERWERF, MARATTE, etc... **12 fr.**
Œuvres oratoires complètes, oraisons funèbres; panégyriques, sermons. Edition suivant le texte de l'édition de Versailles, amélioré à l'aide des travaux les plus récents. 4 volumes in-8, **20 fr.** — Bien relié..... **28 fr.**

Les Vies des Saints. POUR TOUS LES JOURS DE L'ANNÉE, nouvellement écrites par une réunion d'ecclésiastiques et d'écrivains catholiques, classées pour chaque jour de l'année par ordre de dates, d'après les Martyrologes et Godescard; illustrées 1,800 gravures. 4 beaux vol. grand in-8................... **25 fr.**
Reliure chagrin, tranches dorées, 4 t. en 2 volumes................... **37 fr.**
LES VIES DES SAINTS ont obtenu l'approbation des archevêques et des évêques.
Les Saints Évangiles. Traduction de LEMAISTRE DE SACY, selon saint Marc, saint Mathieu, saint Luc et saint Jean, encadrements en couleur, gravures sur acier, frontispice or. 1 volume grand in-8..... .... **12 fr.**
Manuel ecclésiastique. Ou répertoire offrant alphabétiquement 640 p. blanches, autant de titres avec divisions et sous-divisions sur le dogme, etc. Ouvrage à l'aide duquel il est impossible de perdre une seule pensée, soit qu'elle survienne à l'église, etc. 1 volume in-4e relié............. **6 fr.**
L'Imitation de Jésus-Christ. Traduction, avec des réflexions à la fin de chaque chapitre, par M. l'abbé F. DE LAMENNAIS. Nouv. édit., avec encadrements couleur, 10 gravures sur acier,

avec frontispice or. 1 volume grand in-8 jésus.................. **15 fr.**

Les Femmes de la Bible. Principaux fragments d'une histoire du peuple de Dieu, par M⁊ DARBOY, archevêque de Paris, avec une collection de portraits des Femmes célèbres de l'Ancien et du Nouveau Testament, dessin de G. STAAL. 2 vol. grand in-8. Chaque volume, formant un tout complet, se vend séparément.................. **20 fr.**

Les Saintes Femmes. Texte par le MÊME. Collection de portraits, gravés sur acier, des femmes remarquables de l'histoire de l'Eglise. 1 volume grand in-8 jésus.................. **20 fr.**

LA SAINTE BIBLE. Traduite en français, par LEMAISTRE DE SACY, accompagnée du texte latin de la Vulgate. 80 gravures sur acier de RAPHAEL, LE TITIEN, LE GUIDE, PAUL VÉRONÈSE, SALVATOR ROSA, POUSSIN,

etc., 6 volumes grand in-8, carte de la Terre-Sainte et du plan de Jérusalem.................. **100 fr.**

La Sainte Bible. Traduite en français par LEMAISTRE DE SACY, avec magnifiques gravures d'après RAPHAEL, LE TITIEN, LE GUIDE, PAUL VÉRONÈSE, POUSSIN. 1 fort volume, grand in-8, carte de la Terre-Sainte et plan de Jérusalem.................. **25 fr.**
Relié, tranche dorée.......... **32 fr.**

Biblia sacra. (Approuvée), *Vulgatæ editionis* SIXTI V, PONTIFICIS MAXIMI *jussu recognita et* CLEMENTIS VIII *auctoritate edita.* — 1 beau volume in-18, caractères très lisibles........ **6 fr.**

La Bible des enfants. Par l'abbé A. SACHET. — Ouvrage illustré de nombreuses gravures. 1 volume in-18 jésus.
Cartonné...................... **1 fr.**
Relié toile.............. **1 fr. 50**
Reliure, tranche dorée, par vol. **6 fr.**

LECTURES SPIRITUELLES

Approuvées par plusieurs archevêques et évêques et disposées par
P. GŒDERT E. M.

BOURDALOUE.—**Temps de l'Avent.** 1 vol.
SAINT AUGUSTIN. — **Noël et l'Épiphanie.** 1 vol.
BOSSUET. — **Préparation au Carême.** 1 vol.
MASSILLON. — **Carême.** 1 vol.

P. VENTURA. — **Passion de N.S. Jésus-Christ.** 1 vol.
LOUIS DE GRENADE. — **Fêtes de la T.S. Vierge.** 1 vol.
SAINT-THOMAS D'AQUIN. **Sacrement de l'autel.** 1 vol.

Chaque vol. in-18 br. **2 fr. 50** ; rel. souple **4 fr.**

NOUVEAU MANUEL DE DROIT ECCLÉSIASTIQUE

Par ÉMILE OLLIVIER. 1 volume in-18 de 700 pages, **7 fr. 50.**

COLLECTIONS D'OUVRAGES ILLUSTRÉS POUR LES ENFANTS

86 jolis volumes grand in-18 à **2 fr. 50** ; reliés dorés, **3 fr. 50.**

ANDERSEN. **La Vierge des Glaciers**, etc. 1 vol.
— **Histoire de Valdemar Daæ**, — Petite-Poucette, etc. 4 vol.
— **Le camarade de voyage.** — Sous le saule. Les Aventures, etc. 1 vol.
— **Le Coffre volant, les Galoches du bonheur**, etc. 1 vol.
— **L'Homme de neige, le Jardin du Paradis, les deux Coqs.** 1 vol.
BAYARD (**Histoire du bon chevalier sans peur et sans reproches**), par LE LOYAL SERVITEUR. 2 vol.
BELLOC (LOUISE SW.), 7 vol.
— **La Tirelire aux histoires.** 2 vol.
— **Histoires et contes.** 1 vol.
— **Contes familiers.** 1 vol.
— **Grave et gai. Rose et Gris.** 1 vol.
— **Lectures enfantines.** 1 vol.
— **Contes pour le premier âge.** 1 vol.

BERNARDIN DE SAINT-PIERRE. **Paul et Virginie. Chaumière indienne.** 1 vol.
BERQUIN. **Ami des enfants.** 1 vol.
— **Sandford et Merton.** 1 vol.
— **Le petit Grandisson.** 1 vol.
— **Théâtre choisi.** 1 vol.
BOCHET. **Le premier livre des enfants.** Alphabet illustré. 1 vol.
BOISGONTIER. **Choix de nouvelles**, DE GENLIS, BERQUIN. 1 vol.
BOUILLY (Œuvres de J.-N.). 7 vol.
— **Contes à ma fille.** 1 vol.
— **Conseils à ma fille.** 1 vol.
— **Les Encouragements de la jeunesse.** 1 vol.
— **Contes populaires.** 1 vol.
— **Contes aux enfants de France.** 1 vol.
— **Causeries et nouvelles Causeries.** 1 vol.
— **Contes à mes petites amies.** 1 vol.
BUFFON (Le petit) illustré. Histoire et description des animaux. 1 fort vol.

CAMPE. Histoire de la découverte de l'Amérique. 1 vol.

COZZENS (S. W.). Voyage dans l'Arizona, traduction. 1 vol.

— Voyage au Nouveau Mexique. Traduction de W. Battier. 1 vol.

DEMESSE (Henri). Zizi, histoire d'un moineau de Paris. 1 vol.

DESBORDES-VALMORE. Contes et scènes, vie de famille. 2 vol.

— Les poésies de l'enfance. 1 vol.

DU GUESCLIN (La Vie de). D'après la chanson et la chronique. Texte rajeuni par Moland. 2 vol.

FÉNELON. Aventures de Télémaque. 1 vol.

FLORIAN. Fables. 1 vol.

— Don Quichotte de la jeunesse. 1 vol.

FOE (de). Aventures de Robinson Crusoé. 1 vol.

FOURNIER. Animaux historiques. 1 vol.

GENLIS. Veillées du Château. 2 vol.

GRIMM. Contes. 1 vol. illustré.

HÉRICAULT et L. MOLAND. La France guerrière. 4 vol.

— Vercingétorix à Duguesclin. 1 vol.

— Jeanne d'Arc à Henri IV. 1 vol.

— Louis XIV à la République. 1 vol.

— Rivoli à Solférino. 1 vol.

HÉRODOTE. Récits historiques, extraits par M. L. Humbert. 1 vol.

HERVEY. Petites histoires. 1 vol.

JACQUET (l'abbé). L'Année chrétienne, la vie d'un saint pour chaque jour, approuvée de NN. SS. les archevêques et évêques. 2 vol.

LA FONTAINE. Fables. 1 vol.

LAMBERT. Lectures de l'enfance. 1 vol.

LE PRINCE DE BEAUMONT. Le Magasin des enfants. 2 vol.

LOIZEAU DU BIZOT. Cent petits contes pour les enfants. 1 vol.

MAISTRE (de). Œuvres complètes. Voyage autour de ma chambre. Cité d'Aoste. La Jeune Sibérienne, etc. 1 vol.

MANZONI. Les Fiancés. Histoire milanaise. 2 vol.

MONTIGNY (Mlle de). Mille et une Nuits des Familles (Les). 2 vol.

— Les Mille et une Nuits de la jeunesse. 1 vol.

NODIER. Neuvaine de la Chandeleur, génie Bonhomme. 1 vol.

PELLICO (Silvio). Mes prisons, suivi des Devoirs des hommes. 1 vol.

PERRAULT, Mme D'AULNOY. Contes des fées. 1 vol.

PLUTARQUE. Vie des Grecs célèbres, par M. L. Humbert. 1 vol.

SACHOT. Inventeurs et Inventions. 1 vol.

SCHMID. Contes. 4 vol. se vendant séparément.

SÉVIGNÉ. Lettres choisies. 1 vol.

SWIFT. Voyages de Gulliver. 1 vol.

THÉATRE DE L'ENFANCE ET DE LA JEUNESSE. 1 vol.

CONTES ET HISTORIETTES, par un Papa. 1 vol. illustré, gros caractères.

VAULABELLE. Ligny, Waterloo. 1 v.

WISEMAN. Fabiola. Trad. 1 vol.

WYSS. Robinson Suisse. 2 vol.

COLLECTION DE

43 BEAUX VOLUMES ILLUSTRÉS

GRAND IN-8 RAISIN, 7 FR. 50

Demi-reliure en maroquin, plats toile, doré sur tranche, le volume, 11 fr.
Toile dorée, fers spéciaux, 10 fr.

Cette charmante collection se distingue non seulement par l'excellent choix des auteurs et l'élégance du style, mais encore par un grand nombre de gravures dans le texte et hors texte, exécutées par les premiers artistes. Jamais livres édités à ce prix n'ont offert autant de belles illustrations.

ANDERSEN. Contes Danois. Traduit du danois par MM. L. Moland et E. Grégoire. 1 vol.

— Nouveaux Contes Danois, traduits par les mêmes. 1 vol.

— Les Souliers rouges et autres contes, traduits par les mêmes. 1 vol.

BAYARD. La très joyeuse, plaisante et récréative histoire du Gentil (seigneur de), composée par Le Loyal Serviteur. Introduction par L. Moland. 1 vol.

BELLOC. Le fond du sac de la grand'mère, contes et histoires. 1 vol.

— La tirelire aux histoires. Lectures choisies. 1 vol.

J.-R. BELLOT. Journal d'un voyage aux mers polaires à la recherche de Sir John Franklin. 1 vol.

BERNARDIN DE SAINT-PIERRE. Paul et Virginie suivi de la Chaumière indienne. 1 vol.

BERQUIN. L'ami des enfants. 1 vol.

BERQUIN. Sandford et Merton. — Le Petit Grandisson. — Le Re tour de Croisière. — Les Sœurs de lait. — L'honnête Fermier. 1 vol.

BERTHOUD (Œuvres de S. Henry).

— La Cassette des sept amis. 1 vol.
— Les Hôtes du logis. 1 vol.
— Soirées du docteur Sam. 1 vol.
— Le Monde des Insectes. 1 vol.
— L'homme depuis cinq mille ans. 1 vol.
— Contes du docteur Sam. 1 vol.
BUFFON des familles. Histoire et description des animaux, extrait des *Œuvres de Buffon* et de *Lacépède*. 1 vol.
COZZENS (S.-W.). La contrée merveilleuse, voyage dans l'Arizona et le Nouveau Mexique, trad. de W. BATTIER. 1 vol.
DU GUESCLIN (Histoire). Introduction par L. MOLAND. 1 vol.
FABRE. Histoire de la Bûche. Récits sur la vie des plantes. 1 vol.
FÉNELON. Aventures de Télémaque. 1 vol.
FLORIAN. Don Quichotte de la jeunesse. 1 vol.
— Fables. 1 vol.
FOÉ. Aventures de Robinson Crusoé. 1 vol.
GALLAND. Les Mille et une Nuits des Familles. Contes arabes. 1 vol.
GENLIS. Les veillées du château. 1 vol.
JACQUET (l'abbé). Vie des Saints les plus populaires et les plus inté-

ressants, avec l'approbation de plusieurs archevêques et évêques. 1 vol.
LE PRINCE DE BEAUMONT. Le Magasin des enfants. 1 vol.
LEVAILLANT. Voyages dans l'intérieur de l'Afrique. 1 vol.
LONLAY (DICK DE). Au Tonkin, récits anecdotiques. 1 vol.
MAISTRE (DE). Œuvres complètes du comte Xavier. — Voyage autour de ma chambre, le Lépreux de la cité d'Aoste, les Prisonniers du Caucase, la Jeune Sibérienne, préface par SAINTE-BEUVE. 1 vol.
NODIER. Le Génie Bonhomme. — Séraphine. — François-les-Bas-Bleus. — La Neuvaine de la Chandeleur. — Trilby. — Trésor des Fèves. 1 vol.
PELLICO. Mes prisons, suivi des *Devoirs des hommes*. 1 vol.
PERRAULT, D'AULNOY, LE PRINCE DE BEAUMONT et HAMILTON. Contes des fées. 1 vol.
SCHMID. Contes. Traductions de l'abbé MACKER, la seule approuvée par l'auteur. 2 beaux vol. Chaque volume complet se vend séparément.
SWIFT. Voyages de Gulliver. 1 vol.
WISEMAN. Fabiola ou l'Eglise des Catacombes. 1 vol.
WYSS. Robinson Suisse, avec la suite. Notice de NODIER. 1 vol.

ALBUMS POUR LES ENFANTS

In-4° imp. en *chromo*, cartonné, dos toile, couv. chromo.................... 6 fr.
Relié toile, tranche dorée, plaque spéciale.......................... 8 fr.

Jeanne d'Arc, texte par M. MOLLAND, dessin chromo, de LIX.
Je serai soldat, alphabet militaire. Nombreuses gravures en chromo, représentant tous les costumes de l'armée.
Don Quichotte. Gravure chromo, vignettes. 1 vol.
Voyages de Gulliver à Lilliput et à Brobdingnac. Ouvrage illustré de chromotypographie.
Les Héros du siècle. — Récits militaires anecdotiques, par DICK DE LONLAY, dessins de BOMBLED. 1 vol.
Nouveau voyage en France, par un PAPA ; gravures couleurs. 1 vol.
Je saurai lire, illustré par LIX, gravure chromo. 1 vol.
Je sais lire. — Contes et historiettes, gravures chromo, par LIX. 1 vol.

Petit voyage en France. — Gravures chromo. 1 vol.
Contes de Mme d'Aulnoy. Chromo 1 vol.
Choix de fables de La Fontaine. — Illustrations, gravures chromo, par DAVID. 1 vol.
Contes de Perrault. — Gravures chromolithographie de LIX. Illustrations par STAAL. 1 vol.
Animaux sauvages et domestiques. — 1 vol.
Robinson Crusoé. — Gravures chromolithographie. 1 vol.
Les dernières merveilles de la science. — Gravures chromo. 1 vol.
La légende du Juif-Errant. — Dessins de GUSTAVE DORÉ, gravures sur bois. 1 vol.

CHANSONS ET RONDES ENFANTINES

Album illustré, format in-8 colombier, notices et accompagnement de piano par J.-B. WECKERLIN. Chromotypographies, par Henri PILLE. Dessins de J. Blass Trimole, gravés par Lefman, élégamment relié étoffe, tr. dorée........ 10 fr.

Chansons et rondes enfantines des provinces de la France, par

J.-B. WECKERLIN. Album illustré, format in-8° colombier, avec notices et

accompagnement de piano. Chromo-typographies par Lix, relié étoffe riche...................... 10 fr.
Nouvelles chansons et rondes enfantines, musique de Weckerlin, dessins de Sandoz, Poirson, etc. Album in-8° colombier, illustrations. Élégamment relié étoffe, tr. dorées.. 10 fr.
ŒUVRES DE TOPFER. — **Premiers voyages en zigzag**, ou excursions d'un pensionnat en vacances dans les cantons suisses, etc., 35 grands dessins par Calame. 1 vol. grand in-8°, 12 fr. Relié.................... 18 fr.
— **Nouveaux voyages en zigzag**, la Grande-Chartreuse, au Mont-Blanc, etc. 43 grav. tirées à part et 320 sujets dans le texte, par MM. Calame, Girardet, Daubigny. 1 vol. in-8°, 12 fr.
— Relié................ 18 fr.
— **Les nouvelles génevoises**, 40 gravures hors texte, gravées par Best, Leloir, Hotelin, 1 vol. in-8°. 10 fr. Relié................... 16 fr.

6 volumes grand in-18 illustrés, le vol. broché. **3** fr.

Premiers voyages en zigzag. 2 vol.
Nouveaux voyages en zigzag. 2 vol.
Les Nouvelles Genevoises. 1 vol.
Rosa et Gertrude. 1 vol.

— **Album Topfer**, formant chacun un grand volume in-8° jésus oblong à.................. 5 fr.
Relié toile, plaque spéciale, doré sur tranche, le volume........ 7 fr. 50
Monsieur Jabot............. 1 vol.
Monsieur Vieux-Bois..... 1 vol.
Monsieur Crépin........... 1 vol.
Monsieur Pencil........... 1 vol.
Le docteur Festus.......... 1 vol.
Albert..................... 1 vol.
Histoire de M. Chriptogame. 1 vol.

ALBUMS DES PETITS ENFANTS

Richement illustrés et imprimés en couleur. Grand in-8 cart. **2** fr. **50**; relié doré, **3** fr. **50**.

Jeux de l'enfance, par un Papa, dessins de Le Natur. 1 vol.
Alphabet des animaux. Dessins de Traviès et Gobin. 1 vol.
Alphabet des oiseaux. Dessins de Traviès et Gobin. 1 vol.
Voyage du mandarin Ka-Li-Ko et de son secrétaire Pa-Tchou-Li, par Eugène Le Mouel. 1 album in-4° oblong, 32 gravures chromo, relié plaque spéciale.

COLLECTION ENFANTINE

Albums in-4° imprimés en plusieurs couleurs, chaque album........... **0** fr. **50**

1er Livre des petits enfants.
2e Livre des petits enfants.
3e Livre des petits enfants.
L'ange gardien.
Le bon frère.
Le chat de la grand'mère.
Jacques le petit savoyard.
Le chapeau noir.
Le pôle Nord.
Les aventures d'Hilaire.
Murillo et Cerventès.
Le dernier conte de Perrault.

BIBLIOTHÈQUE PATRIOTIQUE ET INSTRUCTIVE

27 volumes in-8 carré, broché, **3** fr. **50**. — Relié toile, tranche dorée, **5** fr.

Français et Allemands. — Histoire anecdotique de la guerre de 1870-71, par Dick de Lonlay.
1er volume. — Niederbronn, Wissembourg, Frœschwiller, Châlons, Reims, Buzancy, Bazeilles, Sedan. 79 dessins de l'auteur. 1 vol.
2e volume. — Sarrebruck, Spickeren, La Retraite sur Metz, Pont-à-Mousson, Borny. Dessins de l'auteur, cartes et plans de batailles. 1 vol.
3e volume. — Gravelotte, Rezonville, Vionville, Mars-la-Tour, Saint-Marcel, Flavigny. Dessins de l'auteur, cartes et plans de batailles, 1 vol.
4e volume. — Les lignes d'Amanvillers, Saint-Privat, Sainte-Marie-aux-Chênes, les Fermes de Moscou et de Leipzick, Saint-Hubert, le Point-du-Jour. Dessins de l'auteur, cartes et plans de batailles. 1 volume.
5e volume. — L'investissement de Metz, la Journée des Dupes, Servigny, Noisseville, Flanville, Nouilly, Coincy. Dessins de l'auteur, cartes et plans de batailles. 1 vol.
6e volume. — Le blocus de Metz, Peltre, Mercy-le-Haut, Ladonchamps, la Capitulation. Dessins de l'auteur, cartes et plans de batailles. 1 vol.

PAUL BONHOMME

LE GRAND FRÈRE

1 beau vol. grand in-8° jésus de 540 pages, orné de 75 gravures......... **12** fr.

L'armée de la Loire, récits anecdotiques de la guerre de 1870-71, par GRENET.

1er VOLUME. — Toury, Orléans, Coulmiers, Beaune-la-Rolande, Villepion, Loigny. 1 vol.

2e VOLUME. — Beaugency, Vendôme, Le Mans, Sillé-le-Guillaume, Alençon.

L'armée de l'Est, récits anecdotiques de la guerre de 1870-71, par GRENET.

1er VOLUME. — La Bourgogne, Dijon, Nuits.

2e VOLUME. — Villersexel, Héricourt, La Cluze.

PLUTARQUE. — Les Romains illustres, par Louis HUMBERT, professeur au lycée Condorcet, 1 vol.

Journal d'un aumônier militaire pendant la guerre franco-allemande, par M. l'abbé DE MESSAS. 1 volume.

L'Allemagne en 1813, par GALLI, gravures d'après les dessins de DICK DE LONLAY. 1 vol.

Galeries des enfants célèbres, par Louis TULOU. — Du Guesclin, Jeanne d'Arc, Turenne, Duguay-Trouin, Watteau, Mozart, Béranger, Lamartine, etc., illustré de 16 dessins hors texte, par DAVID. 1 volume.

Nouvelles galeries des enfants célèbres. — V. Hugo, Vaucanson, Michel-Ange, Bayard, Newton, Mme Desbordes-Valmore, Rossini, etc. 1 vol. in-8° carré, par F. TULOU, illustré par Jules DAVID.

Les généraux de vingt ans, Hoche, Marceau, Joubert, Desaix, par François TULOU. 1 volume illustré de 20 gravures, dessins de DICK DE LONLAY.

Les marins français depuis les Gaulois jusqu'à nos jours, par DICK DE LONLAY. Combats, batailles. Biographie, souvenirs anecdotiques. 1 vol. illustré, 140 dessins par l'auteur.

Originaux et beaux esprits, par SAINTE-BEUVE. — Aggrippa d'Aubigné, Voiture, Chapelle, Santeuil, de Chaulieu, Nodier. 1 vol.

Lettres de Madame de Sévigné. — Notice par SAINTE-BEUVE, accompagnées de notes. Illustrées de vignettes et portraits. 1 vol.

Derniers récits, par Mme BELLOC. — Mathurin, Une Nuit terrible, Orléans en 1829, Malemort, Le Père Kelern, la Grève, Rosette et Joson. 1 vol.

Bêtes et plantes, par SANTINI, officier d'Académie. 1 vol.

La case de l'oncle Tom, par Mistress BERTHER STOVE, traduit par MICHELS, illustré par DAVID. 1 vol.

A travers la Bulgarie. — Souvenirs de guerre et de voyage, par DICK DE LONLAY. Illustré de 20 dessins par l'auteur. 1 vol.

Les leçons d'une jeune mère. — Contes et récits, par Mme BELLOC. 1 volume.

La Russie inconnue. — Trois parties : 1re, En pleine forêt ; 2e et 3e, La chasse et la pêche.

L'armée russe en campagne. — Schipka, Lovtcha, Plevna, par DICK DE LONLAY. 1 vol. illustré de 28 dessins par l'auteur.

Les Français du XVIIIe siècle, par GIDEL. 1 vol. illustré.

Les Français en Allemagne. — Campagne de 1806, par GALLI. 1 vol. illustré de nombreux dessins par DICK DE LONLAY.

En Asie centrale à la vapeur. — De Paris à Samarkand en 43 jours. Impressions de voyages par Napoléon NEY, préface par Pierre VÉRON, illustré de dessins de DICK DE LONLAY. 1 vol.

MÉMOIRES HISTORIQUES ET MILITAIRES

sur la Révolution, le Consulat et l'Empire

Format grand in-18, le volume broché, 3 fr. 50 ; relié, 5 fr. 50.

Mémoires du duc de Rovigo. — Edition nouvelle. 5 vol.

Quinze ans de haute police sous le Consulat et l'Empire, par P.-M. DESMAREST, chef de division au Ministère de la police. 1 vol.

Mémoires de Bourrienne sur Napoléon. — Le Directoire, le Consulat, l'Empire et la Restauration. 5 vol.

Bonaparte en Egypte (1798-1799), par Désiré LACROIX. 1 vol.

Roi de Rome et duc de Reichstadt (1811-1832), par le même. 1 vol.

Napoléon en exil, par le Dr BARRY et O'MEURA. 2 vol.

Le Mémorial de Sainte-Hélène, par LAS CASES. 4 vol.

Derniers moments de Napoléon, par le Dr ANTOMMARCHI. 2 vol. in-18 avec gravures.

Les maréchaux de Napoléon, par Désiré LACROIX. 54 portraits. 1 vol.

Mémoires de Mlle Avrillion, première femme de chambre de l'Impératrice. 2 vol.

Mémoires du général Rapp. — Edition illustrée, 1 vol.

Lettres de Napoléon à Joséphine. — Edition illustrée. 1 vol.

Mémoires militaires du baron Sérurier. 1 volume.

Mémoires de Constant, premier valet de chambre de l'Empereur. 4 vol.

Mémoires de Mme la duchesse d'Abrantès. 10 volumes.

Histoire des salons de Paris, par Mme la duchesse D'ABRANTÈS. 4 vol.

Marquis de la Jonquière, gou-verneur général de la Nouvelle-France et le Canada de 1848 à 1852, par le marquis DE LA JONQUIÈRE, 1 v. in-18 broché. 2 fr. 50

BIBLIOTHÈQUE CHOISIE

Collection des meilleurs auteurs français et étrangers, anciens et modernes, grand in-18 (dit anglais). Cette collection est divisée par séries. La première contient des volumes à **3 fr. 50**. La deuxième à **3 fr.** le volume.

PREMIÈRE SÉRIE, *volumes grand in-18 jésus à* **3 fr. 50**

BELLOT. **Voyage aux mers polaires**, portrait et carte. 1 vol.

BÉRANGER (Œuvres complètes), avec gravures. 4 vol.

— **Chansons anciennes.** 2 vol.

— **Œuvres posthumes. Dernières chansons** (1833 à 1851). 1 vol.

— **Ma biographie. Ouvrages posthumes de Béranger.** 1 vol.

BOURGEOIS (E.). **La Danse.** 1 vol. orné de gravures.

BOURGOIN. **Les maîtres de la critique.** 1 vol.

CHARPENTIER. **La littérature française au dix-neuvième siècle.** 1 volume.

DARBOY (Mgr). **Les femmes de la Bible.** 1 fort volume. Gravures.

DUPONT (Pierre). **Chansons et Poésies** 4e édition. 1 vol.

FAVRE. **Conférences littér.** 1 vol.

FLOURENS (Œuvres de). 10 vol.

— **De l'unité de composition du Débat entre Cuvier et Saint-Hilaire.** 1 vol.

— **Examens du livre de M. Darwin sur l'origine des espèces.** 1 vol.

— **Ontologie naturelle**, 3e édit. 1 v.

— **Psychologie comparée.** 1 vol.

— **De la phrénologie.** 1 vol.

— **De la longévité humaine.** 1 v.

— **De l'instinct** des animaux. 1 vol.

— **Histoire des travaux et des idées de Buffon.** 1 vol.

— **Des manuscrits de Buffon.** 1 v.

FRANÇOIS DE SALES (Saint). **Nouveaux choix de lettres.** 1 vol.

GERUZEZ. **Essai de littérature française.** 2 vol.

JAMES. **Toilette d'une Romaine.** 1 volume.

JOUVENCEL. **Les Déluges.** 1 vol.

LAMARTINE. **Histoire de la Révolution de 1848.** 4e édition. 2 vol.

LAMENNAIS. **L'Imitation de J.-C.**, gravures sur acier. 1 vol.

MAROT (Œuvres choisies de). Étude sur la vie de ce poète, note par VOIZARD, docteur ès-lettres. 1 vol.

MARTIN. **Éducation des mères de famille.** Ouvrage couronné par l'Académie française. 1 vol.

MENNECHET (Œuvres). 8 vol.

— **Matinées littéraires.** Cours de littérature moderne. 4 vol.

— **Histoire de France** depuis la fondation de la Monarchie. 2 vol. Ouvrage couronné par l'Académie française.

NECKER DE SAUSSURE. **Éducation progressive.** 2 vol.

OLLIVIER (Émile), de l'Académie française

— **L'Empire libéral.** 7 vol. in-18.

— **Michel-Ange.** 1 vol 3 50

— **1789-1889.** 1 vol.......... 3 50

— **Lamartine.** 1 vol.......... 3 50

— **Principes et conduites,** 1 vol. grand in-18.................. 3 50

— **L'Église et l'Etat** au concile du Vatican. 2 vol................. 8 fr.

PARDIEU (M.). **Excursion en Orient,** l'Egypte. 1 vol.

ROUSSEAU (J.-J.). **Lettre à d'Alembert sur les spectacles,** texte revu d'après les anciennes éditions, introduction, notes par M. FONTAINE, professeur à la Faculté des Lettres. 1 v.

SAINTE-BEUVE (Œuvres de). 20 vol.

— **Causeries du lundi.** 15 vol. Chaque volume se vend séparément.

— **Portraits littéraires et derniers portraits,** suivis des *Portraits de Femmes.* Nouvelle édition. 4 vol.

— **Table générale et analytique** des *Causeries du lundi,* des *Portraits littéraires* et des *Portraits de Femmes.* 1 volume.

— **Extrait des causeries du lundi,** par ROBERT et PICHON. 1 vol.

— **Discours prononcé au Collège de France,** cours de poésie latine. 1 volume.................. 0 75

Sainte-Bible, traduite par LEMAISTRE DE SACY, 2 forts volumes.

Deuxième Série, *vol. in-18 à* 3 fr. — *Relié veau, genre antique,* 5 fr.

ARIOSTE. **Roland le furieux.** Traduit par Hippeau. 2 vol.

ARISTOPHANE. **Théâtre.** Trad. de Brotier, revue par Humbert. 2 vol.

ARISTOTE. **La politique.** Traduction de Thurot, revue par Bastien. 1 vol.

— **Poétique et Rhétorique.** Trad. nouvelle par Ch. Ruelle. 1 vol.

AURIAC. **Théâtre de la foire.** 1 vol.

BACHAUMONT. **Mémoires secrets,** revus, avec notes. 1 vol.

BARTHELEMY. **Némésis.** 1 vol.

BEAUMARCHAIS. **Mémoires.** 1 vol.

— **Théâtre.** 1 vol.

BEECHER-STOWE. **La Case de l'oncle Tom.** Trad. par Michiels. 1 vol.

Béranger des familles, vignettes sur acier. 1 vol.

BERNARDIN DE SAINT-PIERRE. **Paul et Virginie ;** La Chaumière indienne, vign. 1 vol.

BERTHOUD. **Les petites chroniques de la science.** 10 vol.

— **Légendes et traditions surnaturelles des Flandres.** 1 vol.

— **Les femmes des Pays-Bas et des Flandres.** 1 vol.

BOILEAU (Œuvres de), notice de Sainte-Beuve, notes de Gidel. 1 vol.

BOSSUET (Œuvres de). 11 vol.

— **Discours sur l'histoire universelle.** 1 vol.

— **Elévations à Dieu, sur les mystères de la religion.** 1 vol.

— **Méditations sur l'Evangile.** 1 v.

— **Oraisons funèbres, panégyriques.** 1 vol.

— **Sermons** (Edition complète). 4 vol.

— **Sermons choisis.** Nouv. édit. 1 vol.

— **Traité de la connaissance de Dieu et de soi-même.** 1 vol.

— **Traité de la concupiscence.** Maximes et *réflexions sur la comédie.* La logique. Libre arbitre. 1 vol.

BEROALDE DE VERVILLE. **Le moyen de parvenir.**

BOURDALOUE. **Chefs-d'œuvre oratoires.** 1 vol.

BRILLAT-SAVARIN. **Physiologie du goût.** *Gastronomie* par Berchoux. 1 vol.

BYRON (**Œuvres complètes de lord**). Trad. de Amédée Pichot. 18ᵉ édition. 4 vol.

CAMOENS. **Les lusiades.** Traduction nouvelle avec une étude sur la vie et les œuvres de Camoëns, par Ed. Hippeau. 1 vol.

CANTU. **Abrégé de l'histoire universelle.** Traduit par L. Xavier de Ricard, portrait de l'auteur. 2 vol.

CERVANTES. **Don Quichotte.** Trad. par Delaunay. 2 vol.

CHASLES. **Philarète.** 4 vol.

— **Etudes sur l'Allemagne.** 1 vol.

— **Voyages, Philosophie et Beaux-Arts.** 1 vol.

— **Portraits contemporains.** 1 vol.

— **Encore sur les contemporains.** 1 vol.

CHATEAUBRIAND. 10 vol.

— **Génie du christianisme,** suivi de la Défense du Génie du Christianisme. Avec notes. 2 vol.

— **Les martyrs ou le triomphe de la religion chrétienne.** 1 vol.

— **Itinéraire de Paris à Jérusalem.** 1 vol.

— **Atala. — René. — Le dernier Abencerrage. — Nachez.** 1 vol.

— **Voyages en Amérique, en Italie et au Mont-Blanc.** 1 vol.

— **Paradis perdu.** Littér. anglaise. 1 v.

— **Etudes historiques.** 1 vol.

— **Histoire de France. — Les Quatre Stuarts.** 1 vol.

— **Mélanges** historiques et politiques **Vie de Rancé.** 1 vol.

CHÉNIER (André). **Œuvres poétiques.** Nouvelle édition. 2 vol.

— **Œuvres en prose.** 1 vol.

COLIN D'HARLEVILLE. **Théâtre.** Introduction par L. Moland. 1 vol.

CORNEILLE. **Edition** collationnée sur la dernière publiée du vivant de l'auteur, notes. 2 vol.

— **Théâtre.** 1 vol.

COURIER. (Œuvres de). Essai sur sa vie et ses écrits par Armand Carrel. 1 v.

COUSIN. **Instruction publique en France.** 2 vol.

CRÉQUY (La marquise de). **Souvenirs** (1718-1803). 5 vol. 10 portraits.

CYRANO DE BERGERAC. **Histoire de la lune et du soleil.** 1 vol.

— **Aventures comiques et galantes.** 1 vol.

D'ANTE. **La divine comédie.** Trad. par Artaud de Montor. 1 vol.

DASSOUCY. **Aventures burlesques,** avec préfaces et notes. 1 vol.

DÉMOSTHÈNE. **Discours politiques.** 1 vol.

DEMOUSTIER. **Lettres à Emilie sur la mythologie**, notice. 1 vol.

DÉSAUGIERS, **Théâtre choisi.** Introduction par Moland. 1 vol.

DESCARTES. **Œuvres choisies.** Discours de la méthode. Méditations métaphysiques. 1 vol.

DESTOUCHES. **Théâtre.** Notes de Moland. 1 vol.

DONVILLE. **Mille et un calembours et bons mots,** histoire du calembour, 1 vol.

DUPONT. **Muse Juvénile,** vers et prose. 1 vol.

DU PUGET. **Romans de famille,** trad. du suédois, sur textes originaux.

— **Les Voisins,** par Mlle Bremer. 4e édition. 1 vol.

— **Le foyer domestique,** par Mlle Bremer, ou Chagrins et joies de la famille, 2e édit. 1 vol.

— **Les filles du Président,** par Mlle Bremer, 3e édit. 1 vol.

— **La famille H.,** par Bremer 1 vol.

— **Un journal,** par Mlle Bremer. 1 v.

— **Guerre et Paix. Le voyage de la Saint-Jean,** par Bremer. 1 vol.

— **Abrégé des voyages de Bremer** dans l'ancien et le Nouveau-Monde. 1 v.

— **La vie de la famille dans le Nouveau-Monde.** Lettres écrites pendant un séjour dans l'Amérique du Nord et à Cuba. 3 vol.

— **Les Cousins,** par Mme la baronne de Knorring, 2e édit. 1 vol.

— **Une femme capricieuse,** par Mme Carlen. 2 vol.

— **L'Argent et le Travail,** tableau de genre, par l'Oncle Adam. 1 vol.

— **La veuve et ses enfants,** par Mme Schwartz.

— **Histoire de Gustave II. Adolphe,** par A. Fryxell. 1 vol.

— **Fleurs scandinaves,** poésies. 1 v.

— **La Suède depuis son origine jusqu'à nos jours.** 1 vol.

— **Chronique du temps d'Erick de Poméranie,** par Bernhard 1 v.

DUPUIS. **Origines de tous les cultes** 1 vol.

ESCHYLE. **Théâtre.** Trad. revue par Humbert. 1 vol.

— **Eurépide,** trad. de L. Humbert. 2 vol.

FÉNELON. **Œuvres choisies — De l'existence de Dieu. — Lettres sur la religion,** etc. 1 vol.

— **Dialogue sur l'éloquence.** De l'éducation des filles. Fables. Dialogues des morts. 1 vol.

— **Aventures de Télémaque,** notes géographiques, littéraires. Grav. 1 v.

FLEURY. Discours sur l'histoire ecclésiastique. Mœurs des Israélites, etc. 2 v.

FLORIAN. **Fables,** suivies de son Théâtre, notice par Sainte-Beuve. Illustrées par Grandville. 1 vol.

— **Don Quichotte de la jeunesse,** vignettes, dessins de Staal. 1 vol.

FONTENELLE. **Éloges, introduction et notes,** par P. Bouillier. 1 vol.

FOURNEL. **Curiosités théâtrales,** 1 vol.

FURETIÈRE. **Le roman bourgeois.** Ouvrage comique. Notice et notes, par F. Tulou. 1 vol.

GENTIL-BERNARD. **L'art d'aimer. —** Les Amours, par Bertin. — Le Temple de Guide, par Léonard. — Les Baisers, par Dorat. — Zélie au bain, par Pezay. — Pièces. Notices et notes, par F. de Donville. 1 vol.

GILBERT (Œuvres de). Notice historique, par Ch. Nodier. 1 vol.

GŒTHE. **Faust et le second Faust,** choix de poésies de Gœthe, Schiller, etc. trad. par Gérard de Nerval. 1 vol.

— **Werther suivi de Hermann et Dorothée.** 1 vol.

GOLDSMITH. **Le Vicaire de Wakefield.** Texte et traduction. 1 vol.

GRESSET. **Œuvres choisies.** 1 vol.

HAMILTON. **Mémoires de Gramont.** Préface par Sainte-Beuve. 1 vol.

HÉLOISE et ABEILLARD. **Lettres.** Traduit par M. Gérard. 1 vol.

HEPTAMÉRON (L'). **Contes de la reine de Navarre.** 1 vol.

HÉRICAULT. **Maximilien et le Mexique.** L'Empire Mexicain. 1 vol.

HÉRODOTE. **Histoire.** Trad. de Larcher, notes, commentaires, index, par L. Humbert. 2 vol.

HOMÈRE. **Iliade.** Trad. Dacier. Nouvelle édition, revue. 1 vol.

— **Odyssée.** Trad. par le même, revue, petits poèmes attribués à Homère. 1 v.

JACOB (P.-L.), bibliophile. **Curiosités infernales.** Diables, Bons Anges, Follets et Lutins possédés. 1 vol.

— **Curiosités des sciences occultes.** Alchimie, Talisman, Amulettes, Astrologie, Chiromancie, Secrets d'amour. 1 vol.

— **Curiosités théologiques.** Légendes, Miracles, Superstitions bizarres, Brahmanes, Mahométans, Diables. 1 v.

— Paris ridicule et burlesque au XVIIᵉ siècle, par Claude SCARRON. 1 vol.

— Recueil de farces, soties et moralités du XVᵉ siècle. Maître Pathelin. Moralité de l'Aveugle, etc. 1 vol.

LA BRUYÈRE. Les caractères de Théophraste. Notice de SAINTE-BEUVE. 1 vol.

LAFAYETTE. Romans, nouvelles. — Zaïde. — Princesse de Clèves. — Princesse de Montpensier. 1 vol.

LA FONTAINE. Fables. 1 vol.

— Contes et nouvelles. Édition revue, notes explicatives. 1 vol.

LAMENNAIS. 9 vol.

LA ROCHEFOUCAULD. Réflexions, sentences et maximes morales, *Œuvres choisies de Vauvenargues*, notes de Voltaire. 1 vol.

LAVATER et GALL. Physiognomonie et Phrénologie, par A. ISABEAU, 150 figures. 1 vol.

— Essai sur l'indifférence en matière de religion. 4 vol. Le 1ᵉʳ vol. se vend séparément.

— Paroles d'un croyant. — *Le livre du Peuple.* 1 vol.

— Affaires de Rome. 1 vol.

— Les Évangiles, trad., notes et réflexions. 1 vol.

— De l'Art et du Beau, tiré de l'*Esquisse d'une Philosophie*. 1 vol.

— De la société première et de ses lois. 1 vol.

MAHOMET. Le Koran. 1 vol.

MAISTRE (J. DE). Les soirées de Saint-Pétersbourg. 2 vol.

MAISTRE (XAVIER DE). Œuvres complètes, nouv. édit. *Voyage autour de ma chambre. La jeune Sibérienne.* Préface par SAINTE-BEUVE. 1 vol. illustré.

MALEBRANCHE. De la recherche de la vérité, notes et études de François BOUTILLIER. 2 vol.

MALHERBE. Œuvres poétiques, vie de MALHERBE, par RACAN. 1 vol.

MANZONI. Les Fiancés. Histoire milanaise. 2 vol. illustrés.

MARCELLUS. Souvenirs de l'Orient. 3ᵉ édit. 1 vol.

MARIVAUX. Théâtre choisi. Introduction par MOLAND. 1 vol.

MARMIER. Lettres sur la Russie. 2ᵉ édit. 1 vol.

MAROT. Œuvres complètes. 2 vol.

MARTEL. Recueil de proverbes français. 1 vol.

MARTIN. Le langage des fleurs, gravures coloriées. 1 vol.

MASSILLON. Petit Carême, sermons divers. 1 vol.

MASSILLON, FLÉCHIER, MASCARON. Oraisons. 1 vol.

MÉNIPPÉE (La Satire), par PICHON, RAPIN, PASSERAT, GILLOT, FLORENT, CHRÉTIEN. 1 vol.

MERLIN COCCAIE. Histoire macaronique, prototype de Rabelais, plus l'horrible bataille advenue entre les mouches et les fourmis. 1 vol.

Mille et une nuits. Contes arabes. Trad. par GALLAND. 3 vol.

Mille et un jours. Contes arabes. 1 v.

MILLEVOYE. Œuvres. Notice par M. SAINTE-BEUVE. 1 vol.

MOLIÈRE. (Œuvres complètes), avec des remarques nouvelles, par LEMAISTRE ; vie de Molière, par VOLTAIRE. 3 v.

MONTAIGNE (Essais de), notes de tous les commentateurs. 2 vol.

MONTESQUIEU. L'esprit des lois, notes de Voltaire, de La Harpe. 1 vol.

— Lettres Persanes, suivies de ARSACE et ISMÉNIE et du *Temple de Gnide*. 1 vol.

— Considérations sur les causes de la grandeur des Romains et de leur décadence. 1 vol.

MOREAU. Œuvres, le Myosotis. 1 v.

PARNY. Œuvres, élégies et poésies. Préface de M. SAINTE-BEUVE. 1 vol.

PASCAL. Pensées sur la religion. Édition conforme au véritable texte de l'auteur, additions de Port-Royal. 1 vol.

— Lettres écrites à un provincial. Essai sur *les Provinciales*. 1 vol.

PELLICO. Mes Prisons, suivies des Devoirs des hommes, 6 grav. 1 vol.

PÉTRARQUE. Œuvres amoureuses. Sonnets, triomphes, traduits en français, texte en regard. 1 vol.

PICARD. Théâtre. Note, notices, par L. MOLAND. 2 vol.

PINDARE et les lyriques grecs, traductions par M. C. POYARD. 1 vol.

PLATON. L'État ou la République. Trad. de BASTIEN. 1 vol.

— Apologie de Socrate. — Criton-Phédon-Gorgias. 1 vol.

PLUTARQUE. Les vies des hommes illustres. Traduites par RICARD. Vie de Plutarque, etc. 4 vol.

Poètes moralistes de la Grèce, Hésiode, Théognis, etc. 1 vol.

RACINE. Théâtre complet, remarques littéraires, notes class. par LEMAISTRE. 1 vol.

REGNARD. Théâtre. Notes et notices. 1 vol.

RÉGNIER. Œuvres complètes. 1 vol.

Romans grecs. Les Pastorales de Longus. — Les Ethiopiennes d'Héliodore. Etude sur le roman grec, par A. CHASSANG. 1 vol.

RONSARD. Œuvres choisies. Notices, notes, par SAINTE-BEUVE. Edition revue par MOLAND. 1 vol.

RUNEBERG. Le roi Fialar. — Le Porte-Enseigne Stole. — La Nuit de Noël. Traduit par VALMORE. 1 vol.

SAINT-EVREMONT. Œuvres choisies. Vie et ouvrages de l'auteur par A.-CH. GIDEL. 1 vol.

SEDAINE. Théâtre, introduction par L. MOLAND. 1 vol.

SÉVIGNÉ. Lettres choisies. Notes explicatives sur les faits et personnages du temps et observations littéraires, par SAINTE-BEUVE. 1 vol.

SOPHOCLE. Tragédies. Traduction par L. HUMBERT. 1 vol.

SOREL. La vraie histoire comique de Francion. 1 vol.

STAEL. Corine ou l'Italie, observations par Mme NECKER DE SAUSSURE et SAINTE-BEUVE. 1 vol.

— De l'Allemagne, Édit. revue 1 vol.

— Delphine. Nouv. édit. revue 1 vol.

STERNE. Tristram Shandy. Voyage sentimental. 2 vol.

TABARIN (Œuvres de). Aventures du Capitaine Rodomont, la Farce des Bossus, pièces tabariniques. 1 vol.

TASSE. Jérusalem délivrée. Trad. de LE PRINCE LEBRUN. 1 vol.

— Théâtre espagnol. Traduction nouvelle, par DUBOIS et ORAZ. 1 vol.

Théâtre de la Révolution. — Charles IX. — Les victimes cloîtrées. — Madame Angot. — Madame Angot dans le sérail, introduct., notes par M. MOLAND. 1 vol.

— Théocrite. Traduction BARBIER. 1 vol.

THIERRY (Œuvres d'Augustin). Édit. définitive revue par l'auteur. 9 vol.

— Histoire de la conquête de l'Angleterre. 4 vol.

— Lettres sur l'Histoire de France 1 vol

— Dix ans d'études historiques. 1 v.

— Récits des temps mérovingiens. 2 vol.

— Essai sur l'Histoire du Tiers-État. 1 vol.

THUCYDIDE. Histoire. Traduc. LOISEAU. 1 vol.

VADÉ. Œuvres. La pipe cassée. — Chansons. — Bouquets poissards, etc. Notice par J. LEMER. 1 v.

VAUQUELIN DE LA FRESNAYE. (Œuvres poétiques de) Texte conforme à l'édition de 1605. 1 vol.

VILLENEUVE-BARGEMONT. Le livre des affligés. 2 vol.

VILLON. Poésies complètes. Notes par L. MOLAND. 1 vol.

VOISENON. Contes et Poésies fugitives. Notice sur sa vie. 1 vol.

VOLNEY. Les Ruines. — La loi naturelle. — L'histoire de Samuel. Edition revue. 1 vol.

VOLTAIRE. 11 vol.

— Le Siècle de Louis XIV. Édition revue. 1 vol.

— Siècle de Louis XV, histoire du Parlement. 1 vol.

— Histoire de Charles XII. Édition revue. 1 vol.

— Lettres choisies. Notices et notes sur les faits et sur les personnages du temps, par L. MOLAND. 2 vol.

WAREE. Curiosités judiciaires, historiques, anecdotiques. 1 vol.

YSABEAU (Docteur). Le Médecin du Foyer. Guide médical des Familles. 1 v.

LA VIE MILITAIRE
sous le premier empire
LES VÉLITES — LE BIVOUAC — LES MARCHES
LES CANTINIÈRES — LES LOGEMENTS — LE CAMP — LA GARNISON
LES REVUES — LA CASERNE — LA RETRAITE, ETC.
Par ELZÉAR BLAZE
1 vol. in-18 orné de gravures. . . . . 3 fr. 50

UN AN DE JUSTICE
(1900-1901)
Par HENRI VARENNES
1 vol. in-18 jésus. . . . . 3 fr. 50

NOUVELLE BIBLIOTHÈQUE LATINE-FRANÇAISE

RÉIMPRESSION DES CLASSIQUES FRANÇAIS

75 volumes, format grand in-18 à 3 fr.

TRADUCTIONS REVUES ET REFONDUES AVEC LE PLUS GRAND SOIN

Le succès de cette collection est aujourd'hui avéré. Belle impression, joli papier, correction soignée, revision intelligente et sérieuse, rien n'a été négligé pour recommander ces éditions aux amis de la bonne littérature. La modicité du prix, jointe aux avantages d'une bonne exécution, fait rechercher nos *classiques* avec prédilection.

4 volumes à 4 fr. 50

CLAUDIEN. Œuvres complètes, traduites en français, par M. HÉGUIN DE GUERLE. 1 vol.

SAINT-JÉRÔME. Lettres choisies, texte latin revu. Traduction nouvelle et introduction par M. CHARPENTIER. 1 vol.

OVIDE. Les Métamorphoses. Trad. française de GROS, refondue par M. CABARET-DUPATY. Notice par M. CHARPENTIER. Edition complète en 1 vol.

TÉRENCE (Comédies). Traduction nouvelle par BERTOLAUD, docteur ès lettres de Paris. 1 fort vol.

72 volumes à 3 fr. — Chaque volume se vend séparément.

APULÉE (Œuvres complètes), traduites par BETOLAND. 2 vol.

AULU-GELLE (Œuvres complètes), édition revue par CHARPENTIER et BLANCHET. 2 vol.

CATULLE, TIBULLE et PROPERCE. Œuvres traduites par HÉGUIN DE GUERLE, VALATOUX et GENOUILLE. 1 vol.

CÉSAR. Commentaires sur la Guerre des Gaules et sur la Guerre civile, trad. par M. ARTAUD. Edition revue par LEMAISTRE, notice par M. CHARPENTIER. 2 vol.

CICÉRON (Œuvres complètes), avec la traduction française améliorée et refaite en grande partie par CHARPENTIER, LEMAISTRE, GÉRARD-DELCASSO, CABARET-DUPATY, etc. 20 vol.

TOME I. — Etude sur Cicéron : Vie de Cicéron par Plutarque; Tableau synchronomique de la vie et ouvrages de Cicéron.

II. — Traité sur l'art oratoire : Rhétorique l'Invention.

III. — L'Orateur.

IV. — Brutus; l'Orateur; des Orateurs parfaits; les Topiques; les Partitions oratoires.

V. — Discours; Introduction aux Verrines; Discours pour SEXTIUS ROSCIUS D'AMÉRIE; Discours pour PUBLIUS QUINTUS; discours pour Q. ROSCIUS, le comédien; Discours contre Q. CECILIUS; Première action contre VERRÈS; Seconde action contre VERRÈS, livre premier.

VI. — Seconde action contre VERRÈS, livre deuxième; Seconde action contre VERRÈS, livre troisième; Seconde action contre VERRÈS, livre quatrième.

VII. — Seconde action contre VERRÈS, livre cinquième; Discours A. CÉCIMA; Discours pour M. FONTRIUS; Discours en faveur de la loi MANILIA; Discours pour A. CLIENTIUS AVITUS; premier discours sur la loi agraire; Deuxième discours sur la loi agraire; Troisième discours sur la loi agraire; Discours pour C. RABIRIUS.

VIII. — 1er discours contre L. CATILINA; 2e discours contre L. CATILINA; 3e discours contre L. CATILINA; 4e discours contre L. CATILINA; Discours pour L. LICINIUS MURENA; Discours pour P. SALLA; Discours pour le poète A. LUCINIUS ARCHIAS; Discours pour L. FLACCUS; Discours de CICÉRON au Sénat, après son retour; Discours de CICÉRON au peuple.

IX. — Discours de CICÉRON pour sa maison; Discours pour P. SEXTIUS; Discours contre P. VATINIUS; Discours sur la réponse des aruspices; Discours sur les provinces consulaires; Discours pour L. CORNÉLIUS BALBUS; Discours pour MARCUS CELIUS RUFUS.

X. — Discours contre L. CLAPURNIUS PISON; Discours pour CN. PLANCIUS; Discours pour C. RABIRIUS POSTHUMUS; Discours pour T. A. MILON; Discours pour MARCUS MARCELLUS; Discours pour QUINTUS LIGARIUS; Discours pour le roi DÉJORATUS; Première philippique de M. T. CICÉRON contre M. ANTOINE.

XI. — Deuxième, troisième et quatrième philippiques.

XII. — Lettres: Lettres I à CLXXXII. An de Rome 685 à décembre 701.

XIII. — Lettres CLXXXIII à CCCLXXIII; avril 703 à la fin d'avril 704.

XIV. — Lettres CCCLXXIV à DCLXVI; 2 mai 704 à 708.

XV. — Lettres DCLXVII à DCCCLII; 708 à 710 ; dates incertaines des lettres DCCCLIII à DCCCLIX. Lettres à BRUTUS.

XVI. — Ouvrages philosophiques; académiques ; des vrais biens et des vrais maux ; Les Paradoxes.

XVII. — Tusculanes ; De l'amitié ; De la demande du consulat.

XVIII. — Des devoirs ; Dialogue de la vieillesse ; De la nature des Dieux.

XIX. — De la Divination ; Du Destin ; De la République ; Des Lois.

XX. — Fragments ; Fragments des Discours de M. CICÉRON ; Fragments des Lettres ; Fragments du Timée, du Protagoras, de l'Economique ; Fragments des ouvrages philosophiques; Fragments des poèmes. Ouvrages apocryphes : Discours sur l'amnistie ; Discours au peuple ; Invective de SALLUSTE contre CICÉRON ; Invective de CICÉRON contre SALLUSTE. Lettre à Octave ; La Consolation.

CORNELIUS NEPOS. Traduct. par M. AMÉDÉE POMMIER. EUTROPE. Abrégé de l'histoire romaine, traduit par DUBOIS. 1 vol.

HORACE (Œuvres complètes). Traduction revue par LEMAISTRE. Étude sur Horace par RIGAULT. 1 vol.

JORNANDES. De la succession du royaume origine et actes des Goths. Traduction de SAVAGNER. 1 vol.

JUSTIN (Œuvres complètes). Abrégé de l'Histoire universelle de Trogue Pompée. Trad. par PIERROT. Revue par PESSONNEAUX. 1 vol.

JUVENAL ET PERSE (Œuvres complètes), suivie des fragments de *Turnus* et de *Sulpicia*, traduction de DUSSAULX, LEMAISTRE. 1 vol.

LUCAIN, La Pharsale. Traduction de MARMONTEL, revue par DURAND. 1 vol.

LUCRÈCE (Œuvres complètes), trad. de LAGRANGE, revue par BLANCHET. 1 v.

MARTIAL (Œuvres complètes), trad. de MM. V. VERGER, DUBOIS et J. MANGEART. Précédée des *Mémoires de Martial* par Jules JANIN. 2 vol.

OVIDE (Œuvres). 3 vol.

PETITS POÈTES. ARBORIUS, GALPURNIUS, EUCHARIA, GRATIUS, FALISCUS, LUPERCUS, SERVASTUS, NEMESIANUS, PENTADIUS, SABINUS, VALERIUS CATO, VESTRITIUS SPURINA et le *Pervigilium Veneris*, traduction de CABARET-DUPATY. 1 v.

PÉTRONE (Œuvres complètes). 1 vol.

PHÈDRE (Fables) suivies des Œuvres d'AVIANUS, de DENIS CATON, de PUBLIUS SYRUS. Edition revue par M. E. PESSONNEAUX. 1 vol.

PLAUTE. Son Théâtre. Traduction nouvelle de M. NAUDET, membre de l'Institut. 4 vol.

PLINE L'ANCIEN. L'Histoire des animaux, traduction de GUÉROULT. 1 v.

PLINE LE JEUNE (Lettres). Traduction par M. CABARET-DUPATY. 1 vol.

PLINE LE NATURALISTE (Morceaux extraits). Traduction de GUÉROULT. 1 vol.

QUINTE-CURCE (Œuvres complètes) Edition revue par M. B. PESSONNEAUX. 1 vol.

QUINTILLIEN (Œuvres complètes) Traduction de OUISILLE. Revue par CHARPENTIER. 3 vol.

SALLUSTE (Œuvres complètes) Traduction DU ROZOIR. Revue par M. CHARPENTIER. 1 vol.

SÉNÈQUE LE PHILOSOPHE (Œuvres complètes), édition revue par CHARPENTIER et LEMAISTRE. 4 vol.

— (Tragédies) Edition revue par CABARET-DUPATY. 1 vol.

SUETONE (Œuvres) Traduction refondue par CABARET-DUPATY. 1 vol.

TACITE (Œuvres complètes) traduction de DUREAU DE LA MALLE, revue par M. CHARPENTIER. 2 vol.

TITE-LIVE (Œuvres complètes), traduites. Edition revue par E. PESSONNEAUX et BLANCHET. Etude sur Tite-Live par M. CHARPENTIER. 6 vol.

VALÈRE MAXIME (Œuvres complètes) traduction de FRÉMION. Edition revue par M. CHARPENTIER. 2 vol.

VELLEIUS PATERCULUS, traduction refondue avec le plus grand soin par M. GRÉARD. — FLORUS (Œuvres). Notice sur Florus, par M. VILLEMAIN. 1 vol.

VIRGILE. Œuvres complètes, traduites en français. Nouvelle édition, refondue par M. Félix LEMAISTRE, précédée d'une Etude sur Virgile par M. SAINTE-BEUVE. 2 vol.

BIBLIOTHÈQUE D'UTILITÉ PRATIQUE

Format in-18. avec planches, vignettes explicatives, gravures.

L'Instruction sans maître. Grammaire, arithmétique, géométrie, topographie, géographie, histoire de France, par A. BOURGUIGNON et E. BERGEROL. 1 vol. de 400 pages............ **3 fr.**

Fabrication du cidre, du poiré et de ses dérivés, par M. TRITTCHLER. 1 vol. in-18 avec gravures... **3 fr. 50**

Traité élémentaire d'agriculture, par GIRARDIN. 2 forts vol. in-18, avec 993 gravures................ **16 fr.**

Nouveau Guide en affaires. Le droit usuel ou l'avocat de soi-même, par DURAND DE NANCY, 18° éd., augmentée, 1 fort vol. gr. in-18, 502 pages **4 fr. 50**
Relié .... **5 fr.**

Traité pratique d'Arpentage, nivellement, levée de plans, par A. POUSSART, professeur de mathématiques, 1 vol. in-18 br., nombreuses figures ..... **3 fr.**

2° PARTIE. Opérations à grande portée, tachéométrie. 1 vol. in-18, nombreuses figures .... **3 fr.**

Guide pratique des Gardes champêtres et des Gardes particuliers, par M. MARCEL GRÉGOIRE, sous-préfet, 1 vol. in-18........................ **2 fr.**

Guide des Propriétaires, Locataires ou Fermiers, comprenant : 1° La solution de toutes les difficultés pouvant surgir dans leur rapports entre eux, avec les concierges ou administrations publiques (*Expropriation, Servitudes, Voirie, Contributions directes, Enregistrement des baux*); 2° Des modèles de tous les actes sous seing privé relatifs aux locations, par A. DEGLOS, docteur en droit. 1 vol. br. **4 fr. 50,** relié **5 fr.**

Manuel pratique des Juges de paix. Précis raisonné et complet de leurs attributions judiciaires, extra judiciaires, civiles, ouvrage entièrement neuf, par M. Georges MARTIN, juge de paix. 1 vol. grand in-18..... **3 fr. 50**

La Tenue des Livres apprise sans maître, en partie simple et en partie double, mise à la portée de toutes les intelligences, par Louis DEPLANQUE, expert, prof. de comptabilité, 20° édition. 1 fort vol. in-8............... **7 fr. 50**

La Tenue des Livres rendue facile ou méthode raisonnée pour l'enseignement de la comptabilité, par DEGRANGE. Edition revue par LEFEBVRE. 1 v. in-8 **5 fr.**

Guide pour le choix d'une profession. Contenant des renseignements précis sur les professions qui exigent des préparations spéciales et sur les institutions, facultés et écoles qui préparent aux différentes carrières, par F. DE DONVILLE, 1 vol. in-18..... **3 fr.**

Les Professions féminines. par F. TULOU. 1 vol. in-18........... **3 fr.**

Tenue des Livres rendue facile à l'usage des personnes destinées au commerce, par UN ANCIEN NÉGOCIANT. 1 vol............................. **3 fr.**

Nouveau Manuel épistolaire, en français et en anglais. Théorie, pratique, par J. Mc. LAUGHLIN, Officier d'académie, professeur au collège Sainte-Barbe. 1 fort volume in-18, contenant 558 pages, br. **3 fr. 50.** — Elégamment relié **4 fr.**

Dictionnaire français-anglais des termes commerciaux, des noms des produits du commerce et des articles employés dans les manufactures. Suivi d'un appendice contenant les *monnaies, poids et mesures français avec leurs équivalents en anglais,* par J.-M. LAUGHLIN, officier de l'Instruction publique, professeur au collège Sainte-Barbe et à l'Institut commerc. de Paris, examinateur aux Ecoles sup. de Commerce. 1 vol. gr. in-18 jésus, relié toile **3 fr. 50**

Nouveau Guide de la Correspondance commerciale, contenant 515 lettres : circulaires, offres de service, remises, traites, lettres de change, avaries, etc., par Henri PAGE. 1 v. in-8............................. **6 fr.**

Nouveau Correspondant commercial en français et en anglais. Recueil complet de lettres sur toutes les affaires de commerce, par M. LAUGHLIN. 1 vol. br. **3 fr.** Relié.... **4 fr.**

Le Secrétaire commercial par H. PAGE. Extrait du précédent. 1 vol. in-18.......................... **3 fr.**

Nouveau Manuel épistolaire, en français et en anglais. Théorie, pratique, modèle de lettres, etc. 1 fort vol. de 558 pages, broché **3 fr. 50.** Relié. **4 fr.**

Manuel du Capitaliste ou comptes faits des intérêts à tous les taux, pour toutes sommes de un jusqu'à 366 jours, ouvrage utile aux négociants, banquiers, commerçants de tous les états, etc., par BONNET. Notice sur l'intérêt, l'escompte, etc., par M. Joseph GARNIER. Revue pour les calculs, par M. X. RYMXIEWICZ, calculateur au Crédit Foncier. 1 vol. in-8, **6 fr.** Relié....... **7 fr. 50**

Guide du Capitaliste ou comptes faits d'intérêts à tous les taux, pour toutes les sommes de un à 366 jours, par BONNET. 1 vol. in-18, **3 fr.** Relié **4 fr.**

Barème universel. Calculateur du négociant. Comptes faits des prix par pièces, mesures, nombres, kilogrammes, etc., par DONNER et HENRY, 1 vr in-8. 8 fr.

Le Livre de barème ou comptes faits. Comptes faits depuis 0,02 jusqu'à 100 fr. Tableau des jours écoulés et à parcourir du 1er janv. au 31 déc. Mesures légales, etc. Revu par Pons. 1 vol. in-18, 3 fr. Relié toile.... 4 fr.

Tous Cyclistes : Traité pratique et théorique de vélocipédie, par PH. DUBOIS et A. VARENNES, 1 vol. in-18.. 2 fr. 25

Le Chasseur au chien d'arrêt, par ELZÉAR BLAZE, 1 vol. in-18..... 3 fr. 50

Le Chasseur au chien courant, formant avec le Chasseur au chien d'arrêt un cours complet de chasse à tir et à courre, par ELZÉAR BLAZE, 2 vol. in-18. Le volume...... 3 fr. 50

Le Chasseur aux filets ou chasses des dames, par LE MÊME, 1 vol. 3 fr. 50

Le Chasseur conteur, ou les chroniques de la Chasse, par LE MÊME. 1 vol............... 3 fr. 50

Guide du Chasseur au chien d'arrêt sous ses rapports théorique, pratique et juridique, par F. CASSASSOLLES. 1 vol. in-18 grav..... 3 fr. 50

Le Pêcheur à la mouche artificielle et le Pêcheur à toutes lignes, par MASSAS. Édition revue, étude sur le repeuplement des cours d'eau et la pisciculture, par LARBALÉTRIER. 80 vignettes, 1 vol........ 2 fr.

Chasses et Pêches anglaises. Variétés de pêches et de chasses. 1 vol. in-18.................. 2 fr.

La Pêche en mer et la Culture des Plages. Pêches côtières à la ligne et aux filets. Pêches à pied. Grandes pêches, par Albert LARBALÉTRIER. 1 v. in-18, illust. 140 grav. 3 fr. 50

L'Art d'instruire et d'élever les oiseaux. Oiseaux chanteurs, oiseaux parleurs, oiseaux de volière, par L. E. CHAMPADRE. 1 vol. Nomb. grav. 3 fr. 50

Guide pratique des Maires, des Adjoints, des Secrétaires de mairie et des Conseillers municipaux. Lois, décrets, arrêtés, par DURAND DE VANOY, écrit mise au courant, par RUBENS DE GOURNAY, conseiller à la Cour de cassation, 12e édition. 1 fort vol. in-18. Broché 8 fr. Relié.... 9 fr.

Loi municipale du 5 avril 1884 comprenant : La circulaire ministérielle. 1 vol. in-18, 178 pages 0 fr. 25

Nouveau Traité pratique du Jardinage, par A. YSABEAU. 1 v. in-18 2 fr.

Traité pratique de la laiterie. Lait, beurre, fromages, par Albert LARBALÉTRIER, professeur à l'école d'agriculture du Pas-de-Calais. Orné de 73 gravures. 1 vol. in-18....................... 3 fr.

Traité de Chauffage et d'Éclairage domestiques, propreté et économie, par Albert LARBALÉTRIER. 1 vol. in-18.................. 2 fr.

Traité pratique des Savons et des Parfums, manuel raisonné du cabinet de toilette, par LARBALÉTRIER. 1 vol. in-18.............. 2 fr. 50

Manuel pratique de l'achat et de la vente du bétail. Bœufs, veaux, moutons, porcs, par Henri VILLERS, professeur vétérinaire, et Albert LARBALÉTRIER, professeur d'agriculture du Pas-de-Calais. Nombreuses gravures. 1 vol. in-18........... 2 fr. 50

Les Vaches laitières. Choix, races, entretien, etc. Par Albert LARBALÉTRIER, professeur d'agriculture du Pas-de-Calais. 36 figures. 1 vol. in-18..... 3 fr.

Les Animaux de basse-cour. Élevage et entretien. Par LE MÊME. 1 vol. in-18.................... 3 fr. 50

Le Nouveau Jardinier Fleuriste. Avec les principaux arbres d'ornement, la nomenclature des fleurs de parterre, de bordure, de massif, etc., par Hipp. LANGLOIS. 158 fig. 1 fort v. in-18 3 fr. 50

Tarif pour cuber les bois en grume et équarris. D'après les mesures anciennes, avec leur réduction en mesures métriques, tableau servant à déterminer les produits en nature, par PREUSSEAUX, arpenteur forestier. Édition revue. 1 vol. in-18....... 2 fr.

Tarif de cubage des bois équarris et ronds. Évalués en stères et fractions décimales du stère, par J.-A. FRANÇON, cubeur juré de la ville de Lyon. 1 fort vol. in-18...... 3 fr. 50

Dictionnaire portatif des Communes de la France et de l'Algérie et des autres colonies françaises, par GINDRE DE MANCY. Édition entièrement refaite par M. LACROIX, chef de bureau au ministère de l'instruction publique. 1 vol. de 800 p. relié................. 5 fr.

Machines agricoles. Semailles et labours, par A. POUSSARD. 1 vol. in-18, nombreuses gravures...... 2 fr. 50

Le Jardinier de tout le monde. Traité complet de toutes les branches de l'horticulture, par A. YSABEAU. 1 fort vol. in-18, illustré 4 fr. 50. Rel. toile, 5 fr.

Cours d'Arboriculture. 1re partie. Principes généraux d'arboriculture. Par DU BREUIL. 175 figures, carte en couleur. 7e édition. 1 volume in-18.................. 3 fr. 50

Le même. 2e partie. — Culture des arbres et arbrisseaux à fruits de table. 355 figures et 4 planches. 1 vol. in-18. 7e édition......... 6 fr.

Instruction élémentaire sur la conduite des arbres fruitiers, par LE MÊME. — Ouvrage destiné aux jardiniers, aux élèves des fermes-écoles et des écoles normales primaires. 1 vol. in-18, illustré, 207 figures, 9e édition...................... 2 fr. 50

La Vénerie contemporaine. Histoires bizarres, esquisses et portraits, par le marquis DE FOUDRAS. 1 v. in-18 2 fr.

Manuel pratique d'Escrime. Fleuret, Escrime, Sabre, comprenant l'escrime moderne et l'historique de l'escrime ancienne, par M. EMILE ANDRÉ, fondateur de la revue *l'Escrime française*. 1 vol. in-18 jésus, dessins d'après MÉRIGNAC, etc.................... 3 fr. 50

Escrimeurs contemporains, par HENRI DE GOUDOURVILLE, avec 59 illustrations. 1 vol. in-16......... 1 fr. 50

Les Machines dynamo-électriques, par R.-V. PICOU, ingénieur des Arts et Manufactures. 1 v. in-18 3 fr. 50

Manuel du poids des métaux, employés dans les constructions, à l'usage de toutes les personnes s'occupant de bâtiments, par ARNOULT, vice-président de la Chambre des Entrepreneurs, 1 vol. relié toile... 2 fr. 50

Gaston Bonnefont. La machine à coudre. Ses principales applications, son rôle dans la famille et dans l'industrie. 1 vol. in-18, orné de nombreux dessins........................ 1 fr.

Nouvelle Flore française. Description des plantes qui croissent spontanément en France et de celles qu'on y cultive en grand, indication de leur propriétés, etc. par M. GILLET, vétérinaire principal de l'armée, et par M. J.-H. MAGNE, professeur de botanique. 1 beau vol. in-18, 97 planches, plus de 1,200 figures; 6e édition........ 8 fr.

Guide pratique pour les Herborisations et les Herbiers, par Clotaire DUVAL, secrétaire de la Société d'Agriculture de Melun et de Fontainebleau, avec une introduction de M. le Docteur BORNET, membre de l'Institut. 1 vol. in-18 jésus............... 1 fr. 50

Le Petit Cuisinier moderne ou les secrets de l'art culinaire, par Gustave GARLIN (de Tonnerre), élève des premiers cuisiniers de Paris. 1 vol. in-8 illustré, 976 pages, relié.......... 8 fr.

La Cuisine ancienne, par GARLIN (de Tonnerre). 1 vol. in-8 illustré 8 fr.

Traité pratique de l'élevage du porc et de charcuterie, par Aug. VALESSERT, ancien charcutier, par Alb. LARBALÉTRIER, professeur d'agriculture. 1 beau vol. in-18 orné de grav. 3 fr. 50

Causeries chevalines, par GAUME, propriétaire-éleveur. 1 v. gr. in-18 3 fr. 50

La Conserve alimentaire. Traité pratique de fabrication, par CORTHAYS (Aug.) 1 vol. grand in-8 jésus avec nombreuses fig. dans le texte.. 10 fr.

Le Cuisinier européen. Ouvrage contenant les meilleures recettes des cuisines françaises et étrangères, par Jules BRETEUIL, ancien chef de cuisine. 1 fort. vol. grand in-18, illustré 300 gravures, 748 pages, relié....... 5 fr.

Le Cuisinier Durand. Cuisine du nord et du midi, 9e édition, revue par C. DURAND, petit-fils de l'auteur. 1 vol. in-18 illustré, 160 figures.... 3 fr. 50

Traité de l'Office, par T. BERTHE, ex-officier de bouche. 1 vol. in-18 3 fr. 50

Traité pratique de la Pâtisserie, contenant un aperçu des glaces, sirops et confitures, par DE GUERRE. 16 planches hors texte, coloriées. 1 v. in-8, br. 5 fr. Relié.............................. 6 fr.

La Bonne Cuisine, comprenant 880 titres, avec observations et 70 gravures à l'appui, par Gustave GARLIN, auteur du *Cuisinier moderne*. 1 vol. gr. in-18 jésus relié toile................. 4 fr.

L'Enfant. Hygiène et soins médicaux pour le premier âge. A l'usage des jeunes mères et des nourrices, par ERMANCE DUFAUX DE LA JONCHÈRE. Précédé d'une introduction, par le docteur BLACHEZ. Nombreuses gravures. 1 vol. in-18........ 3 fr. 50

Le Conservateur ou Livre de tous les ménages, d'après les travaux de Carême, Appert, etc., par Léon KREBS. 150 gravures. 1 vol.. 3 fr. 50

Boissons économiques et liqueurs de table. Traité pratique de la fabrication des vins, cidres, bières, liqueurs, etc. par KREBS, 1 v. in-18 3 fr. 50

Guide pratique des Ménages, contenant plus de 2,000 recettes sur la préparation et la conservation des aliments, etc. par le docteur ELGET. 1 volume.................... 3 fr. 50

Races chevalines et leur amélioration. Entretien, élevage du cheval, de l'âne et du mulet. 1 vol. in-18 8 fr.

Jeux de Société. Jeux de salon. — Jeux d'enfants. — Jeux d'esprit et d'improvisation. — Patiences. — Jeux divers. — Rondes et danses de société, par L. de VALAINCOURT. 1 vol. illustré de nombreuses vignettes...... 3 fr. 50

Traité de Whist par M. DESCHAPELLES, 1 vol. in-18.................... 3 fr. 50

Le Jeu de Trictrac rendu facile pour toute personne d'un esprit juste et pénétrant. 2 vol. in-8............. 8 fr.

Nouvelle Académie des Jeux. Contenant un dictionnaire des jeux anciens, le nouveau jeu de croquet, le bésigue chinois et une étude sur les jeux et paris de courses, par Jean QUINOLA. 1 fort vol. avec figures 3 fr.

Analyse du Jeu des Échecs par A.-D. PHILIDOR. Edition augmentée de 68 parties jouées par Philidor, du traité de Greco, des débuts de Stamme et de Ruy Lopez, par C. SANSON. 1 fort vol. in-18 .... 5 fr.

Encyclopédiana. Recueil d'anecdotes anciennes, modernes et contemporaines, etc., édition illustrée de 128 vignettes. 1 vol. in-8 de 840 pages .... 6 fr.

Le Cheval. Traité complet d'hypologie, suivi d'un cours complet d'équitation pour un cavalier et sa dame, par SANTINI. 1 vol. in-18 .... 3 fr. 50

Dictionnaire de jurisprudence hippique, traité des courses, par CHARTON DE MEUR, avocat. 1 vol. in-18 .... 3 fr. 50

Choix et nourriture du cheval, ou description de tous les caractères à l'aide desquels on peut reconnaître l'aptitude des chevaux. 1 vol. in-18, avec vignettes .... 3 fr. 50

Traité pratique de médecine vétérinaire, art de prévenir et de guérir les maladies chez le cheval, l'âne le mulet, le bœuf, le mouton, le porc et le chien, par H.-A. VILLIERS et LARBALÉTRIER. 1 vol. avec figures .... 3 fr. 50

Ch. Le Brun-Renaud. Manuel pratique d'équitation, à l'usage des deux sexes. Ouvrage orné de 45 fig. 1 beau volume .... 2 fr.

Traité pratique de la fabrication des eaux-de-vie par la distillation des vins, cidres, marcs, etc. Fabrication des eaux-de-vie communes avec le troix-six d'industrie, etc., par CH. STEINER, chimiste-distillateur. 50 figures dans le texte. 1 vol. gr. in-18. 3 fr. 50

Les nouvelles méthodes de la culture de la vigne, et de vinification, par A. BEDEL. 1 vol. in-18. orné de nombreuses gravures.... 3 fr. 50

Traité pratique des engrais, origine, utilité, emploi, par A. BEDEL. 3 fr. 50

Nobiliaire de Normandie. Publié sous la direction de DE MAGNY. 2 vol. grand in-8 .... 40 fr.

Abrégé méthodique de la science des armoiries, etc., par M. MAIGNE, Édit. augmentée ill. 1 vol. in-18 10 fr. Imprimée à 154 exemplaires numérotés, sur papier de Hollande........ 20 fr.

Manuel pratique de l'amateur de chiens. Chiens de chasse, chiens de garde, chien de berger, chien d'agrément. 1 vol. in-18......... 2 fr.

Meunerie et boulangerie, par Léon HENDOUX, nombreuses vignettes explicatives. 1 vol. in-18, 20 feuilles. 5 fr.

Traité complet de manipulation des vins, par A. BEDEL. 2° édition. 1 beau vol. in-18, avec grav.. 3 fr. 50

Traité complet de la fabrication des liqueurs et des vins dits d'imitation, par A. BEDEL. 1 volume in-18 .... 3 fr. 50

L'art de reconnaître les fruits de pressoir (pommes et poires), par A. TRUELLE. 1 vol. in-18 ...... 4 fr.

Fabrication du cidre, du poiré et de ses dérivés, par M. TRITSCHLER. 1 vol. in-18, avec gravures.. 3 fr. 50

Traité théorique et pratique de la brasserie. Analyse détaillée des méthodes les plus récentes appliquées à la fabrication de la bière, par A. BEDEL. 1 vol. in-18........... 3 fr. 50

Éléments généraux de législation française, par A. BOURGUIGNON. 1 fort vol. in-18, 720 pages..... 6 fr.

Traité pratique d'agriculture, par A. BOURGUIGNON. 1 vol. in-18 de 400 pages................... 3 fr.

Guide du commerçant, par A. ROGER, avocat à la cour d'appel de Paris, 1 vol. in-18 de 450 pages........ 3 fr.

L'industrie, par Arthur MANGIN, 60 gravures intercalées dans le texte. 1 vol. in-18 de 460 pages.............. 3 fr.

La nouvelle loi militaire promulguée le 16 juillet 1889, contenant les décrets, modèles de certificats à l'usage des jeunes gens soldats ou de leurs parents, annotée et commentée par M. E. SERGENT. 1 vol. in-32 d'environ 300 pages .... 1 fr. 50

Loi sur le recrutement de l'armée, votée par la Chambre des députés et par le Sénat, et promulguée le 16 juillet 1889, par le Président de la République. 1 vol. de 64 pages in-32 .... 0 fr. 30

Traité élémentaire de topographie et de lavis des plans. illustré, planches coloriées, notions de géométrie, avec gravures, par M. TRIPON, professeur de topographie. 1 vol. in-4° relié................... 10 fr.

Traité élémentaire pratique d'architecture ou étude des cinq ordres, d'après JACQUES BARROZIO DE VIGNOLE. Ouvrage divisé en 72 planches, comprenant les cinq ordres, composé, dessiné et mis en ordre par J.-A. LEVEIL, architecte ; gravures sur acier par HIBON............ **10** fr.

Traité de menuiserie par MM. POUSSART, ancien élève de l'Ecole polytechnique, et CAILLARD, maître menuisier.

1re PARTIE : Notions de géométrie et d'architecture, bois, outils, moulures, assemblages. 1 vol. in-18 j. **3** fr. **50**

2me PARTIE : Menuiserie de bâtiment, parquets, lambris, portes, escaliers, dévantures. 1 vol. in-18 jésus.... **3** fr. **50**

Manuel méthodique de l'art du teinturier-dégraisseur, Installation des Magasins et des Ateliers. — Matériel et produits. — Réception de l'ouvrage. — Exécution du travail. — Nettoyages. — Détachage. — Teintures. — Apprêts. — Travaux accessoires. — Tarif des travaux. Par MAURICE GUÉDRON, teinturier, rédacteur à la *Revue de la Teinture*. 1 vol. in-12 de 680 p., 88 figures.................. **6** fr.

Traité pratique de coupe et de confection de vêtements, par MARCEL DESSAULT, professeur de coupe à Paris.

Hommes et enfants. 1 vol. in-18. 275 fig. broché... **4** fr. **50** — Relié... **5** fr.

Dames et enfants. 1 vol. in-18, 364 fig. broché.... **5** fr. — Relié.... **6** fr.

Traité pratique et scientifique de la coupe des chemises *et Spécialités du Tailleur-Chemisier*, par MARCEL DESSAULT, professeur de coupe à Paris. 1 vol. in-18 jés., br. **4** fr. Relié. **5** fr.

La science des armes : L'assaut et les assauts publics. — Le duel et la leçon de duel par GEORGES ROBERT, professeur d'escrime au lycée Henri IV et au collège Sainte-Barbe. Notice sur Robert aîné, par ERNEST LEGOUVÉ. Lettre de M. HÉBRARD DE VILLENEUVE, président de la Société d'Encouragement de l'escrime. 1 vol. grand in-8. 7 grands tableaux............ **8** fr.

Le cuisinier moderne, ou les secrets de l'art culinaire. Suivi d'un index des termes techniques, par GUSTAVE GARLIN (de Tonnerre). Ouvrage complet illustré (60 planches, 330 dessins), comprenant 5,000 titres et 700 observations. 2 vol. in-4............ **36** fr.

Le pâtissier moderne, suivi d'un traité de confiserie d'office, par GUSTAVE GARLIN (de Tonnerre). Ouvrage illustré de 262 dessins gravés par M. BLITZ. 1 vol. grand in-8, relié toile.... **20** fr.

Manuel de Zootechnie générale et spéciale, par L. PAUTET, ancien répétiteur de physiologie à l'Ecole d'Alfort, vétérinaire sanitaire au marché de la Villette. 1 vol. in-18 ill. toile.... **5** fr.

Principes de géologie ou illustrations de cette science empruntés aux changements modernes que la Terre et ses habitants ont subis, par CHARLES LYELL, baronnet, traduit de l'anglais, sur la 10e édition, par M. JULES GINESTOU. 2 vol. in-8.......... **25** fr.

Éléments de géologie ou changements anciens de la Terre et de ses habitants, tels qu'ils sont représentés par les monuments géologiques, par LE MÊME. Traduit de l'anglais par M. GINESTOU. 6e édition, augmentée, illustrée, 770 grav. 2 beaux vol. in-8.. **20** fr.

Abrégé des éléments de géologie, par LE MÊME. Traduit par M. JULES GINESTOU. Ouvrage illustré de 644 gravures. 1 fort volume grand in-18 jésus................. **10** fr.

Guide du sondeur ou traité théorique et pratique des sondages, par MM. DEGOUSÉE et CH. LAURENT, ingénieurs civils, fabricants d'équipages de sonde, entrepreneurs de sondages. 2 forts vol. in-8. Gravures dans le texte et accompagné d'un atlas de 62 planches gravées sur acier. **30** fr.

Cours élémentaire d'histoire naturelle, à l'usage des lycéens et des maisons d'éducation, rédigé conformément au programme de l'Université. 3 forts vol. in-12. 2,000 figures intercalées dans le texte. Le cours comprend :

Zoologie, par M. MILNE-EDWARDS, membre de l'Institut, professeur au Jardin des Plantes. 1 vol....... **6** fr.

Botanique par M. A DE JUSSIEU, de l'Institut, professeur au Jardin des Plantes. 1 vol.............. **6** fr.

Minéralogie et géologie, par M. F. S. BEUDANT, de l'Institut, inspecteur gén. des études. 1 vol....... **6** fr.

La géologie seule, 1 vol........... **4** fr.

Cours élémentaire de chimie, par V. REGNAULT, de l'Institut, directeur de la manufacture nationale de Sèvres. 4 vol. in-18, 700 fig. 5e édit.. **20** fr.

Notions élémentaires de mécanique rationnelle à l'usage des candidats à l'Ecole forestière et à l'Ecole navale, des aspirants au baccalauréat ès sciences et au certificat de capacité des sciences appliquées, par M. G. PINET, inspecteur des études à l'Ecole polytechnique. 1 v. in-18 **2** fr.

Traité d'astronomie, appliquée à la géographie et à la navigation, par EMM. LIAIS, astronome, auteur de l'*Espace céleste*. 1 fort vol. gr. in-8... **10** fr.

De l'exploitation des chemins de fer. Leçons faites à l'Ecole nationale des Ponts et chaussées, par F.

JACQMIN, directeur de la Cie des Chemins de Fer de l'Est. **2** v. in-8 cav. **16 fr.**
Les machines à vapeur. Leçons faites à l'Ecole nationale des ponts et chaussées, par LE MÊME. 2 forts vol. gr. in-8 cavalier.............. **16 fr.**
L'Electricité et ses applications pratiques. — Sonneries électriques — Téléphones — Eclairage électrique — Rayons X — Télégraphie sans fil, par ALFRED SOULIER, Ingénieur électricien, Chef du Laboratoire de Mesures électriques de la Section technique de l'Artillerie, Secrétaire de la rédaction de l'*Industrie électrique*. 1 vol.
Traité élémentaire des chemins de fer, par AUGUSTE PERDONNET. 3e édition, considérablement augmentée. **4** très forts vol. in-8, avec 1.100 fig., tableaux, etc................. **70 fr.**

COLLECTION D'ANTONIN CARÊME
Chef des cuisines du Prince Régent d'Angleterre, de l'Empereur Alexandre, de M. le baron de Rothschild, etc.

Art de la cuisine française. 16 fr.
Le Maître d'hôtel français. 2 vol. in-8° ornés de 10 grandes planch. **16** fr.
Le Cuisinier parisien. 1 vol. in-8°, **25** planches .... **9** fr.
Le Pâtissier national parisien. 2 forts vol. in-18.............. **8** fr.
Le Pâtissier pittoresque. 1 vol. grand-in-8°, 126 planches.. **10** fr. **50**

LE SAVOIR-VIVRE
Dans la vie ordinaire et dans les cérémonies civiles et religieuses
Par Ermance DUFAUX. 1 vol. in-18. **3** fr. Relié...................... **4** fr.
Cet ouvrage est un travail neuf pour la forme et par le fond, rempli d'appréciations personnelles, et décelant à chaque page un auteur appartenant à la bonne compagnie.

CE QUE LES MAITRES ET LES DOMESTIQUES
DOIVENT SAVOIR
Par Mlle DUFAUX DE LA JONCHÈRE. 1 vol. in-18. **3 fr. 50.**

DICTIONNAIRE GÉNÉRAL
DES SCIENCES ET DES THÉORIES APPLIQUÉES
Comprenant les mathématiques, la physique et la chimie, la mécanique et la technologie, l'histoire naturelle et la médecine, l'économie rurale et l'art vétérinaire, par MM. PRIVAT-DESCHANEL et AD. FOCILLON, professeur des sciences physiques et naturelles, nouvelle édition, **2** forts volumes grand in-8°, brochés, **32** fr. Reliés **40** fr.

L'ESPACE CÉLESTE ET LA NATURE TROPICALE
Description physique de l'univers, d'après des observations personnelles faites dans les deux hémisphères, par L. LIAIS, ancien astronome de l'Observatoire de Paris, avec une préface de BADINET, de l'Institut. Illustrée de dessins de VAN DARGENT. Un magnifique volume grand in-8° jésus................... **15** fr.
Relié demi-doré, **21** fr. — Toile, fers spéciaux.................... **20** fr.

CHIROMANCIE NOUVELLE EN HARMONIE AVEC LA PHRÉNOLOGIE ET LA PHYSIOGNOMONIE. **Les mystères de la main,** art de connaître la destinée de chacun d'après la seule inspection de la main, par A. DESBAROLLES. 17e édition, figures. 1 vol. in-18....... **5** fr.
Graphologie ou les mystères de l'écriture, par DESBAROLLES et JEAN HIPPOLYTE; autographies. 1 volume in-18...................... **4** fr.
Manuel du drainage, par le baron VAN DER BRAKEL. 1 volume in-18. 9 cartes .... **2** fr. **50**
Prairies et élevage du bétail. Guide pratique de l'éleveur, par A. BEDEL, rédacteur en chef du *Journal de la Vigne et de l'Agriculture.* 1 vol. in-18, illustré de nombreuses vignettes, broché........................ **3** fr. **50**
Le barreau au XIXe siècle, par M. O. PINARD, avocat (ex-ministre de l'intérieur). 2 vol. in-8........ **6** fr.

NOUVEAU DICTIONNAIRE COMPLET DES COMMUNES DE LA FRANCE
Algérie, Tunisie, Tonkin, et toutes les Colonies françaises
La nomenclature de toutes les communes, les châteaux, les bureaux de poste, les stations de chemins de fer, etc., par M. GINDRE DU MANCY. Nouvelle édition. 1 fort vol. gr. in-8 à 2 col., **15** fr.; relié 1/2 chagr. **18** fr. — Relié toile. **17 fr.**

Traité encyclopédique de la peinture industrielle. Revue générale des diverses catégories de la peinture dans l'industrie et des connaissances nécessaires au praticien. Aperçus théoriques, pratiques et artistiques sur le métier, et sur l'art dans la décoration, par P. FLEURY, peintre décor., direct. techn. et rédact. du *Journal-Manuel de Peinture*. 1 vol. in-18 jésus..... **4 fr.**

Traité usuel de la peinture en bâtiment, décor et décoration. contenant l'étude des couleurs et des vernis, l'outillage, les peintures diverses, la vitrerie, la tenture, la dorure, l'imitation des bois, des marbres, des recettes et procédés divers. par PAUL FLEURY, peintre, directeur technique et rédacteur du *Journal-Manuel des Peintres*. 1 vol. in-18 illustré de 9 grav. en couleurs.................... **4 fr.**

Honoré de souscriptions du Ministère de l'Instruction publique et du Ministre du Commerce.

Traité usuel de peinture à l'usage de tout le monde. Le dessin. La figure humaine. Perspective. Théorie des couleurs. Manière de peindre. La Nature morte. Les fleurs. Les glacis. Le paysage. La Marine. Les animaux, etc... etc., par CAMILLE BELLANGER. artiste peintre, second prix de Rome (hors concours). 1 vol. in-18 orné de 12 planches en couleurs....... **4 fr.**

Honoré de souscriptions du Ministère de l'Instruction publique.

Traité de peinture à l'eau. Aquarelle, gouache, par Mlle DE SÉRIGNAN. 1 vol. in-18, illustré de nombreuses gravures.................... **3 fr. 50**

Traité théorique et pratique de la photographie. Guide complet pour l'amateur : *Tableaux mouvementés, reproduction des objets coloriés, cinématographie, etc.*, par Alexandre CORMIER, ancien élève à l'Ecole polytechnique. 1 vol. in-18. ill. br............,.. **2 fr.**

Traité élémentaire de mécanique. Par A. POUSSART, ancien élève de l'Ecole Polytechnique, ancien officier de marine,

1re PARTIE : Mécanique théorique et mécanismes. 1 volume in-18 jésus, figures.................... **3 fr. 50**

2me PARTIE : Moteurs, récepteurs, opérateurs. 1 vol. in-18 jés. fig. **3 fr. 50**

Cours de géométrie élémentaire. A l'usage des aspirants au baccalauréat ès sciences et aux écoles du gouvernement, par M. COLAS, professeur de mathématiques au lycée Henri-IV.

1re PARTIE. Géométrie plane. 1 volume in-3.................... **6 fr.**

2e PARTIE. Géométrie dans l'espace, courbes usuelles. 1 volume in-18. broché.................... **3 fr.**

Volumes grand in-18, couverture illustrée, à 2 fr.

DUNOIS (ARMAND) Le Secrétaire des familles et des pensions, 1 vol.

—Le Secrétaire des compliments. lettres de bonne année, lettres de fêtes, compliments. 1 vol.

FRAISSINET (ED.). Le Japon. Histoire et descriptions. mœurs. costumes et religion. Nouvelle édition avec une carte. 2 vol.

LAMARTINE. Raphaël. Pages de la vingtième année, 3e édition. 1 vol.

MULLER (E.). La Politesse, manuel des bienséances et du savoir-vivre. 1 vol.

PHILIPON DE LA MADELAINE. Manuel épistolaire à l'usage de la jeunesse. 17e édition. 1 vol.

REGNAULT. Histoire de Napoléon 1er. 4 vol.

Volumes in-32, dits Cazin, à 1 franc, net 75 cent.

CONSTANT. Adolphe. 1 vol.

GODWIN. Caleb Williams. 2 vol.

EUGÈNE SUE. Arthur. 4 vol.

REVEL (TH.). Manuel des maris. 1 vol.

MAITRE PIERRE. Vie de Napoléon. par MARCO DE SAINT-HILAIRE. 1 vol.

Les allopathes et les homœopathes devant le Sénat, par DUFIN et BONJEAN. 1 vol.

Les Mois, poème en douze chants, par ROUCHER. 2 vol.

La Natation. Art de nager appris seul. avec figures, par P. BRISSET. 1 vol.

GIRARDIN. Dossier de la guerre de 1870-1871. 1 vol.

BONJEAN. Conservation des ciseaux. 1 vol.

SUPPLÉMENT AU DICTIONNAIRE DE LA CONVERSATION ET DE LA LECTURE

16 volumes in-8° de 500 pages ou livraisons pareilles à celles des 52 volumes publiées de 1833 à 1839. 80 fr.

DICTIONNAIRE DE LA CONVERSATION ET DE LA LECTURE

52 vol. grand in-8, de 500 pages, à 2 colonnes, 100 francs.

60,000 VOLUMES COMPLETS DE " L'ILLUSTRATION "
DIVISÉS EN 4 CATÉGORIES DE PRIX

1° Volumes 27 à 47 et 56 à 60. Le vol. 18 fr. net.................... **6 fr.**

2° Série de 46 volumes, 27 à 70, 72 et 73 inclusivement, contenant les guerres de Crimée, des Indes, de la Chine, d'Italie, du Mexique, le vol. 18 fr. net. **12 fr.**

3° Les collections complètes dont il ne nous reste plus qu'un petit nombre d'exemplaires restent fixées au même prix que précédemment. 2 vol. **18 fr.**

4° Volumes 55 à 70, 72 et 73 (Le tome 71 est épuisé)..................... **18 fr.**

Reliures et tranches dorées, le vol. **6 fr.**

Volumes grand in-18, couverture illustrée, à 1 fr. 50

Barèmes ou comptes faits en francs et centimes. 1 vol. in-32 cartonné.

BOCHET. **Le Livre du jour de l'An.** 1 vol.

DUNOIS. **Le petit Secrétaire français.** 1 vol.

— **Le petit Secrétaire des compliments,** lettres de bonne année, lettres de fêtes. 1 vol.

MARTIN (Mme AIMÉ). **Le Langage des Fleurs.** 1 vol.

MULLER. **Petit traité de la Politesse française.** Codes de bienséances et du savoir-vivre. 1 vol.

PÉRIGORD. **Le Trésor de la Cuisinière et de la Maîtresse de maison.** 7ᵉ édit., revue, corr. 1 vol.

ROBERT (GASTON). **Les Tours de Cartes.** 1 vol. in-18, illustré de 50 gravures.

— **Les gais et curieux tours d'escamotage anciens et modernes.** 1 vol. in-8, 74 figures explicatives.

— **Tours de physique amusants anciens et modernes.** 1 vol. in-18, 53 figures explicatives.

DICK DE LONLAY. **Les Combats du général Négrier au Tonkin.** 30 gravures. 1 vol.

— **Le Siège de Tuyen-Quan,** 20 gravures. 1 vol.

— **La Marine française en Chine, l'amiral Courbet et « le Bayard »,** Souvenirs anecdotiques. — 40 gravures. 1 vol.

— **La Cavalerie française à la bataille de Rezonville.** 1 volume in-18, dessins de l'auteur.

— **La défense de Saint-Privat,** dessins de l'auteur. 1 vol.

— **Les Zouaves de l'armée du Rhin,** dessins de l'auteur. 1 vol.

— **Souvenirs de Frédéric III** (examens critiques et commentaires). 1 vol.

HUMBERT (L.). **Le Fablier de la Jeunesse.** Nombreuses vignettes. 1 vol.

OUVRAGES DE JOSEPH GARNIER
MEMBRE DE L'INSTITUT
PROFESSEUR D'ÉCONOMIE POLITIQUE A L'ÉCOLE NATIONALE DES PONTS ET CHAUSSÉES
SECRÉTAIRE PERPÉTUEL DE LA SOCIÉTÉ D'ÉCONOMIE POLITIQUE, ETC.

Premières notions d'économie politique, sociale ou industrielle. *La Science du bonhomme Richard,* par FRANKLIN ; *l'Économie politique en une leçon,* par Frédéric BASTIAT ; *Vocabulaire de la science économique,* 6ᵉ édition. 1 vol. in-18..... **2 fr. 50**

Traité d'économie politique, sociale ou industrielle. Exposé didactique des principes et des applications de cette science, avec des développements sur le Crédit, les Banques, le Libre-Echange, la Production, les Salaires. — 9ᵉ édition revue, fort volume gr. in-18...... **7 fr. 50**

Traité de finances. — L'impôt en général. — Les diverses espèces d'impôts. — Le Crédit public. — Emprunts.

—. Dépenses publiques. — Les Réformes financières. 4e édition. 1 vol. in-6.................. **8 fr.**

Notes et petits traités faisant suite au *Traité d'économie politique* et au *Traité de finances*. — Éléments de statistique et opuscules divers : Notices et questions sur l'économie politique ; — La Monnaie, la Liberté du travail, du Commerce ; les Traités de commerce, l'Accaparement, les Changes, l'Agiotage. 3e édition augmentée. 1 vol. in-18.................. **4 fr. 50**

Traité complet d'arithmétique théorique et appliquée au commerce, à la banque, aux finances, à l'industrie. Problèmes raisonnés, notes et notions. 3e édition. 1 vol. in-8.... **8 fr.**

Traité élémentaire des opérations de bourse, par A. COURTOIS fils, membre de la Société d'économie politique de Paris. 10e édition remaniée et augmentée. 1 vol. gr. in-18..... **4 fr.**

Manuel des fonds publics et des Sociétés par actions, par LE MÊME. 8e édition complètement refondue et considérablement augmentée. 1 fort vol. in-18 raisin 1,300 pages.. **20 fr.**

Tableau des cours des princi- pales valeurs. Négociées et cotées aux bourses des effets publics de Paris, Lyon et Marseille, du 17 janvier 1797 (28 nivôse an V) à nos jours, par LE MÊME, 3e édition. 1 vol. gr. in-8 oblong, relié.................. **3 fr. 50**

Études sur la circulation et les banques, par M. Alfred SUDRE. 1 vol. grand in-18................ **3 fr. 50**

Banques populaires. Associations coopératives de crédit, par Alphonse COURTOIS. 1 vol. in-18, portrait. **3 fr. 50**

Guide complet de l'étranger dans Paris. Nouvelle édition, illustrée, vignettes des monuments, plan de Paris. Description des 20 arrondissements avec un plan à chacun. 1 vol. relié.................. **4 fr.**

Nouveau guide pratique dans Paris, à l'usage des étrangers. 1 vol. relié.................. **2 fr.**

Guide universel de l'étranger à Lyon, avec les renseignements nécessaires au voyageur. Illustré, PLAN DE LYON. 1 vol. in-32 toile.... **2 fr. 50**

Guide général à Marseille. Description de ses monuments, places. Dictionnaire des rues, illustré, vues, plan. 1 vol. in-32 relié.

ATLAS UNIVERSEL DE GÉOGRAPHIE PHYSIQUE ET POLITIQUE
Par M. L. GRÉGOIRE

Docteur ès lettres, Professeur d'Histoire et de Géographie, auteur du *Dictionnaire des Lettres et des Arts*, du *Dictionnaire d'Histoire et de Géographie*, de la *Géographie illustrée*, etc. 1 volume in-4e cartonné, contenant 110 cartes coloriées et environ 70 petites cartes ou plans en cartouches.................. **12 fr. 50**

ŒUVRES DE P.-J. PROUDHON

De la Célébration du Dimanche. 1 volume.................. **75 c.**

Résumé de la Question sociale. Banque d'échange. 1 vol. **1 fr. 25**

Intérêt et principal, discussion entre *Proudhon et Bastiat*. 1 vol... **1 fr. 50**

Des Réformes à opérer dans l'exploitation des Chemins de fer et de leurs conséquences. 1 volume.................. **3 fr. 50**

Idée générale de la Révolution au XIXe siècle. 1 vol....... **3 fr.**

La Révolution sociale démontrée par le coup d'État. 1 vol... **2 fr. 50**

LAMARTINE. **Histoire de la Révolution de 1848.** 2 vol. in-8. **12 fr.**
— **Raphaël.** pages de la 20e année. 2e édit. 1 vol. in-8............. **3 fr.**
— **Histoire de la Russie,** par LE MÊME. 2 vol. in-8............. **5 fr.**
Cour martiale du Seraskerat, procès de **Suleiman-Pacha,** portraits et cartes par A. LE FAURE. 1 vol. grand in-8.................. **7 fr. 50**

LAMENNAIS. **Essai sur l'Indifférence en matière de religion.** 4 vol. in-8.................. **20 fr.**
— **Correspondances,** notes et souvenirs de l'auteur, 1818 à 1840, 1859. 2 vol. in-8.................. **10 fr.**
ROBERTSON, œuvres complètes, notice, par BUCHON. 2 vol. gr. in-8.. **20 fr.**
MACHIAVEL, œuvres complètes, notice, par BUCHON. 2 vol. gr. in-8.. **20 fr.**

Tableau de la littérature espagnole depuis le XIIe siècle jusqu'à
nos jours, par M.-F. PIFFERRER. 4 vol.
Net.......................... **3** fr.
Études sur l'histoire des arts.
Des progrès et de la décadence de la
statuaire et de la peinture antiques,
la Grèce et l'Italie, par P.-T. DECHA-
ZELLE. 2 vol. in-8.............. **6** fr.
De l'unité spirituelle ou de la Société et de son but au delà du temps,
par BLANC DE SAINT-BONNET. 2e édit.
3 forts vol. in-8.............. **24** fr.

**Histoire de Gil Blas de Santil-
lana.** Traducida por el P. ISLA. Bella
edición con láminas de acero. 1 tome
in-8..................... **7** fr. **50**
— MÊME OUVRAGE. 1 vol. in-18.:. **5** fr.
**El Ingenioso Hidalgo Don Qui-
jote de la Mancha.** Edición con-
forme á la última corregida por la
Academia española. Un tomo en 8.
Con retratos y láminas........ **10** fr.
— MÊME OUVRAGE. 1 vol. in-18.. **5** fr.
Le Mie Prigioni. Memoria di SILVIO
PELLICO da Salluzo, con ritratto. ill.
in-8........................ **2** fr.
— MÊME ÉDITION augm. du *Devoir des
hommes*. 1 vol. in-8............ **3** fr.

Il vero secretario italiano, o guida
a scrivere ogni sorte di lettere, per
cura di B. MELZI. 1 vol. grand in-8
jésus .... **2** fr.
El nuovissimo secretario italiano,
o guida a scrivere ogni sorta di lettere,
per cura di B. MELZI. 1 vol. grand
in-18 jésus................ **1** fr. **50**
**Nuovissima scelta di prose ita-
liane.** Tratte da più celebri autori
antichi e moderni, con brevi notizie
sopra la vita e gli scritti di ciasche-
duno, por uso doi dilettanti della lingua
italiana, da TOLA. 1 gr. in-8. **1** fr. **50**

COLLECTION DE NOUVELLES CARTES

Itinéraire *à l'usage des voyageurs et
des gens du monde,* chemins de fer et
routes, dressées, coloriées, par BERTHE,
grand colombier, chacune...... **1** fr.
Europe. Etat de l'Europe.
France en 86 départements.
Espagne et Portugal.
Hollande et Belgique.
Italie et ses divers Etats, en une feuille.
Confédération Suisse, en 22 cantons.
Russie d'Europe.
Grèce actuelle et Morée.
Turquie d'Europe et d'Asie.
Angleterre, Ecosse et Irlande.
Empire d'Allemagne.
Mappemonde.
Suède et Norvège.
Amérique méridionale.
Amérique septentrionale.
Asie.
**Océanie et Polynésie, Egypte et
Palestine.**
**Amérique méridionale et sep-
tentrionale.**
Carte de Tunisie. 1 feuille col. 2 fr.
Cartes murales écrites, coloriées.
Cartes de France en 89 départements.
1 feuille grand monde...... **4** fr. **50**
Carte d'Europe. 1 f. g. monde. **4** fr. **50**
LES MÊMES, collées sur toile, vernies et
montées sur gorges et rouleaux. **10** fr.

Mappemonde en deux hémisphères.
Haut. 0m,90, largeur 1m,80.. **6** fr. **50**
Collée sur toile, montée sur gorge et
rouleau...................... **14** fr.
Le Rhin et les pays voisins, de
Constance à Cologne. 1 f. jés. **2** fr.
Carte des environs de Paris.
Villes, communes et châteaux desservis
par les chemins de fer. 1 f. col. **2** fr.
**Carte de Tonkin, de l'Annam,
Cochinchine, Cambodge,** plan
d'Hanoï, demi-colombier ... **60** cent.
**Carte de l'Algérie et de la Tu-
nisie,** col., demi-colombier. **60** cent.
Carte de la Belgique, demi-jés. **1** fr.
Carte de la Hollande, demi-jés. **1** fr.
Nouvelle carte de l'Italie... **2** fr.
**Carte de l'Angleterre, de l'Ir-
lande et de l'Ecosse.** 1 f. jés. **2** fr.
**Nouvelle carte de l'Espagne et
du Portugal.** 1 feuille jésus.. **2** fr.
Nouvelle carte de la Suisse. 2 fr.
Nouvelle carte de l'Allemagne.
1 feuille jésus .... **2** fr.
**Carte physique et politique du
Portugal.** 1 feuille demi-jés.. **1** fr.
**Carte des environs de Paris avec
routes vélocipédiques,** 1 feuille
grand colombier............... **2** fr.

Carte générale des chemins de fer français, par CHARLE. Colombier...... **2 fr.**

Nouvelle carte itinéraire des chemins de fer de l'Europe centrale. Les communications entre les villes capitales, par A. VUILLEMIN. 1 feuille...... **2 fr.**

Nouvelle carte routière et administrative de la France, chemins de fer, stations, divisions civiles et militaires, navigation, d'après celle des Ponts et Chaussées, par BERTHE. 1 feuille colombier...... **3 fr.**

Nouvelle carte physique et politique de l'Europe, routes et chemins de fer, dressée par FREMIN. Feuille grand monde...... **3 fr.**

Planisphère terrestre, nouvelles découvertes, les colonies européennes et les parcours maritimes par VUILLEMIN. 1 feuille grand monde, chromo. **5 fr.**

Carte physique et politique de l'Algérie, divisions administratives et militaires, par M. A. VUILLEMIN. 1 feuille col...... **2 fr.**

Nouveau plan de Paris et des communes de la Banlieue. 1 feuille gr. monde, chromo. **4 fr. 50**

Paris et ses nouvelles divisions municipales. Plan-Guide à l'usage de l'étranger, par A. VUILLEMIN. 1 feuille grand aigle...... **1 fr. 60**

Plan de Paris. Illustré, itinéraire des rues, demi-colombier...... **1 fr.**

Nouveau Paris monumental. Itinéraire pratique des étrangers dans Paris, feuille chromo...... **1 fr.**

Itinéraire des omnibus et tramways dans Paris. Feuille, colorié, plié...... **1 fr. 20**

Plan général de Marseille, travaux en voie d'exécution, par PÉPIN MALHERBE. 1 feuille...... **1 fr.**

Nouveau plan illustré de Lyon et de ses faubourgs. 1 f. gr. colombier, indication des tramways...... **2 fr.**

LE MÊME sur colombier, en feuille. **1 fr.**

Plan monumental de Lyon. 1 feuille jésus, imprimé en chromo-litho...... **1 fr.**

La Cavalerie française (Ouvrage couronné par l'Académie Française), par le capitaine Henri CHOPPIN. 1 volume grand in-8°, illustré de nombreux dessins dans le texte et de 16 aquarelles. Broché, **12 fr.** — Relié toile, plaque spéciale, tranches dorées.... **16 fr.**

Aventures de six Français aux colonies, par Gaston BONNEFONT. 1 fort vol. in-8° jésus de 850 pages, orné de 200 dessins. Broché, **12 fr.** — Relié toile, plaque spéciale, 16 fr. — Demi-chagrin...... **18 fr.**

Notre armée. Histoire populaire et anecdotique de l'infanterie française, depuis Philippe-Auguste jusqu'à nos jours, par DICK DE LONLAY. Illustrée, dessins en couleur dans le texte, par l'auteur, augmentée de 16 gravures chromotypographiques hors texte, représentant les scènes des principales batailles, depuis les Gaulois jusqu'à nos jours. 1 vol. gr. in-8° jésus. **12 fr.**

Relié...... **16 fr.**

Demi-chag. tranches dorées... **18 fr.**

LA FRANCE ET SES COLONIES EN POCHE
Par LE LÉDIER

94 cartes, départements et colonies, 7 cartes des chemins de fer et 36 plans de villes, avec un index alphabétique, de 13,000 localités avec leur population, et de 7,000 stations de chemins de fer, par réseaux et par lignes. 1 vol. in-18, relié toile. **3 fr. 50**

LES ARMÉES DU NORD
ET DE NORMANDIE
Récit anecdotique de la campagne de 1870-71
Par GRÉNEST

1 vol. in-8 carré, illustré par L. Bombled, **3 fr. 50.** Relié doré, plaque chromo, **6 fr.**

LES ANNIVERSAIRES DE 1870
D'APRÈS FRANÇAIS ET ALLEMANDS
Avec Préface, Notes et Documents par H. GALLI

1 volume in-8 carré, illustré. **3 fr. 50**

HYGIÈNE DE LA GÉNÉRATION
Par le docteur P. GARNIER.

LE MARIAGE
DANS SES DEVOIRS, SES RAPPORTS & SES EFFETS CONJUGAUX
15ᵉ ÉDITION. — 1 VOL. AVEC FIGURES. 3 fr. 50

Ce Code des mariés, en indiquant toutes les conditions sanitaires, les règles hygié-
niques et les lois morales à observer pour vivre unis et en bonne santé, offre donc le
plus haut intérêt pour tous ceux qui se préoccupent d'être heureux et d'avoir une
progéniture saine et robuste.

LA GÉNÉRATION UNIVERSELLE
Lois, Secrets et Mystères, chez l'Homme et chez la Femme.
7ᵉ ÉDITION TRÈS AUGMENTÉE. — 1 VOL. AVEC FIGURES. . . . . . . 3 fr. 50

Ce livre s'adresse à tous, par ses renseignements utiles et intéressants. L'homme
des champs, comme le naturaliste et le philosophe, y trouvera la réfutation et la
critique des systèmes matérialistes en vogue.

L'IMPUISSANCE MORALE ET PHYSIQUE
CHEZ LES DEUX SEXES
CAUSES, SIGNES, REMÈDES
7ᵉ ÉDITION REFONDUE. — 1 VOL. AVEC FIGURES. 3 fr. 50

L'impuissance s'y trouve décrite sous toutes ses formes.

LA STÉRILITÉ HUMAINE ET L'HERMAPHRODISME
4ᵉ ÉDITION. — 1 VOL. AVEC FIGURES. 3 fr. 50

CÉLIBAT & CÉLIBATAIRES CHEZ LES DEUX SEXES
CARACTÈRES, DANGERS ET HYGIÈNE
3ᵉ ÉDITION. — 1 VOL. DE 542 PAGES . . . . 3 fr. 50

Onanisme seul et à deux
SOUS TOUTES SES FORMES ET LEURS CONSÉQUENCES
9ᵉ édit., refondue et augmentée d'une forme inédite avec 130 observations. 3 fr. 50

ANOMALIES SEXUELLES, APPARENTES & CACHÉES
PAR ABERRATION PHYSIQUE OU MORALE
2ᵉ ÉDITION. — 1 VOL. DE 544 PAGES AVEC 230 OBSERVATIONS . . . . 3 fr. 50

LE MAL D'AMOUR
Contagion, préservatifs et remèdes
5ᵉ ÉDITION. — 1 VOL. DE 404 PAGES ET 112 OBSERVATIONS . . . . 3 fr. 50

ÉPUISEMENT NERVEUX GÉNITAL
(NEURASTHÉNIE SEXUELLE)
Signes et dangers, hygiène et traitement, avec 152 observ. et une planche. 3 fr. 50

L'ONANISME. Les maladies produites par la masturbation, par TISSOT, docteur médecin, 1 vol. in-18 . . . . . . **2 fr.**	**TRAITÉ COMPLET DES MALADIES DES FEMMES,** par LE MÊME. Illustrée de 205 figures d'anatomie. 9ᵉ édition. 1 vol. in-18 . . . . **5 fr.**
TRAITÉ PRATIQUE DE MALADIES DES VOIES URINAIRES et des organes générateurs de l'homme, par le Docteur Em. JOZAN, 21ᵉ édition refondue, illustrée de 355 fig. d'anatomie et 16 planches chromolithographiques, 29 fig. 1 vol. in-18. **5 fr.**	**D'UNE CAUSE FRÉQUENTE ET PEU CONNUE D'EPUISEMENT PREMATURE.** Traité pratique des pertes séminales, choix d'observations de guérison, par LE MÊME. 9ᵉ édition, 1 vol. in-18 . . . . **5 fr.**

Paris. — Imp. PAUL DUPONT, 4, rue du Bouloi. — 29 3.1902. (Cl.)

www.ingramcontent.com/pod-product-compliance
Ingram Content Group UK Ltd.
Pitfield, Milton Keynes, MK11 3LW, UK
UKHW021527090726
13657UKWH00001B/457